대한민국 법령 시리즈 540

다중이용업소의 안전관리에 관한 특별법

(약칭 : 다중이용업소법)

법령

시행령

시행규칙

해광출판사

머리말

이 책은 방대한 법전을 보지 않고 간편하게 해당되는 법령만 참고해서 볼 수 있도록 하였습니다. 공공기관이나 관련 종사자들이 쉽고 간편하게 해당 법령을 참조 할 수 있도록 하였습니다.

특히 해당법률은 물론 관련 시행령, 시행규칙을 함께 실어 관련법을 서로 참고할 수 있게 하였습니다.

법률이라는 것이 크든 작든 항상 변하는 관계로, 출간 이후의 정확하고 최신의 법률은 법제처 국가법령정보센터에서 확인이 가능하니 법률의 실제 적용 시 확인이 필요한 점 유의하기를 바랍니다.

편집부

* 수록 법률은 법제처 국가법령정보센터에서 확인 가능합니다.
* 발행일 기준 시행 법률이므로 최신 법령은 위 센터에서 볼 수 있습니다.
* 본 책자에 수록된 법률의 문구에 대하여 법적인 효력은 없으며,
  실제 적용 법률은 위 센터에서 최신의 법률로 확인하시기 바랍니다.
* 해당 법령과 함께 시행령, 시행규칙도 수록되어 있습니다.
* 발행일 기준으로 개정 예정 법률은 밑줄로 별도 표시되어 있으며,
  보다 정확한 것은 법제처에서 확인하기 바랍니다.

목차

다중이용업소의 안전관리에 관한 특별법 (약칭 : 다중이용업소법)

[시행 2024. 1. 4.] [법률 제19157호, 2023. 1. 3., 일부개정]

**개정 예정 법률 밑줄 별도 표시.

다중이용업소의 안전관리에 관한 특별법 (약칭 : 다중이용업소법)

[시행 2024. 1. 4.] [법률 제19157호, 2023. 1. 3., 일부개정]

제1장 총칙

제1조(목적) 이 법은 화재 등 재난이나 그 밖의 위급한 상황으로부터 국민의 생명·신체 및 재산을 보호하기 위하여 다중이용업소의 안전시설등의 설치·유지 및 안전관리와 화재위험평가, 다중이용업주의 화재배상책임보험에 필요한 사항을 정함으로써 공공의 안전과 복리 증진에 이바지함을 목적으로 한다. 〈개정 2012. 2. 22., 2014. 1. 7.〉

[전문개정 2011. 5. 30.]

제2조(정의) ① 이 법에서 사용하는 용어의 뜻은 다음과 같다. 〈개정 2011. 8. 4., 2014. 1. 7.〉

1. "다중이용업"이란 불특정 다수인이 이용하는 영업 중 화재 등 재난 발생 시 생명·신체·재산상의 피해가 발생할 우려가 높은 것으로서 대통령령으로 정하는 영업을 말한다.

2. "안전시설등"이란 소방시설, 비상구, 영업장 내부 피난통로, 그

밖의 안전시설로서 대통령령으로 정하는 것을 말한다.

3. “실내장식물”이란 건축물 내부의 천장 또는 벽에 설치하는 것으로서 대통령령으로 정하는 것을 말한다.

4. “화재위험평가”란 다중이용업의 영업소(이하 “다중이용업소”라 한다)가 밀집한 지역 또는 건축물에 대하여 화재 발생 가능성과 화재로 인한 불특정 다수인의 생명 · 신체 · 재산상의 피해 및 주변에 미치는 영향을 예측 · 분석하고 이에 대한 대책을 마련하는 것을 말한다.

5. “밀폐구조의 영업장”이란 지상층에 있는 다중이용업소의 영업장 중 채광 · 환기 · 통풍 및 피난 등이 용이하지 못한 구조로 되어 있으면서 대통령령으로 정하는 기준에 해당하는 영업장을 말한다.

6. “영업장의 내부구획”이란 다중이용업소의 영업장 내부를 이용객들이 사용할 수 있도록 벽 또는 칸막이 등을 사용하여 구획된 실(室)을 만드는 것을 말한다.

② 이 법에서 사용하는 용어의 뜻은 제1항에서 규정하는 것을 제외하고는 「소방기본법」, 「소방시설공사업법」, 「화재의 예방 및 안전관리에 관한 법률」, 「소방시설 설치 및 관리에 관한 법률」 및 「건축법」에서 정하는 바에 따른다. 〈개정 2011. 8. 4., 2018. 10. 16., 2021. 11. 30.〉

[전문개정 2011. 5. 30.]

제3조(국가 등의 책무) ① 국가와 지방자치단체는 국민의 생명 · 신체 및 재산을 보호하기 위하여 불특정 다수인이 이용하는 다중이용업소의 안전시설등의 설치 · 유지 및 안전관리에 필요한 시책을 마련

하여야 한다. 〈개정 2014. 1. 7.〉

② 다중이용업을 운영하는 자(이하 “다중이용업주”라 한다)는 국가와 지방자치단체가 실시하는 다중이용업소의 안전관리 등에 관한 시책에 협조하여야 하며, 다중이용업소를 이용하는 사람들을 화재 등 재난이나 그 밖의 위급한 상황으로부터 보호하기 위하여 노력하여야 한다.

[전문개정 2011. 5. 30.]

제4조(다른 법률과의 관계) ①다중이용업소의 화재 등 재난에 대한 안전관리에 관하여는 다른 법률에 우선하여 이 법을 적용한다. 〈개정 2012. 2. 22.〉

② 「화재로 인한 재해보상과 보험가입에 관한 법률」에 따른 특수건물의 다중이용업주에 대하여는 제13조의2부터 제13조의6까지를 적용하지 아니한다. 〈신설 2012. 2. 22.〉

③ 다중이용업주의 화재배상책임에 관하여 이 법에서 규정한 것 외에는 「민법」에 따른다. 〈신설 2012. 2. 22.〉

[전문개정 2011. 5. 30.]

제2장 다중이용업소의 안전관리기본계획 등

제5조(안전관리기본계획의 수립·시행 등) ① 소방청장은 다중이용업소의 화재 등 재난이나 그 밖의 위급한 상황으로 인한 인적·물적 피해의 감소, 안전기준의 개발, 자율적인 안전관리능력의 향상, 화재배상책임보험제도의 정착 등을 위하여 5년마다 다중이용업소의 안전관리기본계획(이하 “기본계획”이라 한다)을 수립·시행하여야 한

다. 〈개정 2012. 2. 22., 2014. 11. 19., 2017. 7. 26.〉

② 기본계획에는 다음 각 호의 사항이 포함되어야 한다. 〈개정 2012. 2. 22.〉

1. 다중이용업소의 안전관리에 관한 기본 방향

2. 다중이용업소의 자율적인 안전관리 촉진에 관한 사항

3. 다중이용업소의 화재안전에 관한 정보체계의 구축 및 관리

4. 다중이용업소의 안전 관련 법령 정비 등 제도 개선에 관한 사항

5. 다중이용업소의 적정한 유지·관리에 필요한 교육과 기술 연구·개발

5의2. 다중이용업소의 화재배상책임보험에 관한 기본 방향

5의3. 다중이용업소의 화재배상책임보험 가입관리전산망(이하 "책임보험전산망"이라 한다)의 구축·운영

5의4. 다중이용업소의 화재배상책임보험제도의 정비 및 개선에 관한 사항

6. 다중이용업소의 화재위험평가의 연구·개발에 관한 사항

7. 그 밖에 다중이용업소의 안전관리에 관하여 대통령령으로 정하는 사항

③ 소방청장은 기본계획에 따라 매년 연도별 안전관리계획(이하 "연도별계획"이라 한다)을 수립·시행하여야 한다. 〈개정 2014. 11. 19., 2017. 7. 26.〉

④ 소방청장은 제1항 및 제3항에 따라 수립된 기본계획 및 연도별계획을 관계 중앙행정기관의 장과 특별시장·광역시장·특별자치시장·도지사 또는 특별자치도지사(이하 "시·도지사"라 한다)에게 통보

하여야 한다. 〈개정 2014. 11. 19., 2017. 7. 26., 2023. 1. 3.〉

⑤ 소방청장은 기본계획 및 연도별계획을 수립하기 위하여 필요하면 관계 중앙행정기관의 장 및 시·도지사에게 관련된 자료의 제출을 요구할 수 있다. 이 경우 자료 제출을 요구받은 관계 중앙행정기관의 장 또는 시·도지사는 특별한 사유가 없으면 요구에 따라야 한다. 〈개정 2014. 11. 19., 2017. 7. 26.〉

[전문개정 2011. 5. 30.]

제6조(집행계획의 수립·시행 등) ① 소방본부장은 기본계획 및 연도별계획에 따라 관할 지역 다중이용업소의 안전관리를 위하여 매년 안전관리집행계획(이하 "집행계획"이라 한다)을 수립하여 소방청장에게 제출하여야 한다. 〈개정 2014. 11. 19., 2017. 7. 26.〉

② 소방본부장은 집행계획을 수립하기 위하여 필요하면 해당 시장·군수·구청장(자치구의 구청장을 말한다. 이하 같다)에게 관련된 자료의 제출을 요구할 수 있다. 이 경우 자료 제출을 요구받은 해당 시장·군수·구청장은 특별한 사유가 없으면 요구에 따라야 한다.

③ 집행계획의 수립 시기, 대상, 내용 등에 관하여 필요한 사항은 대통령령으로 정한다.

[전문개정 2011. 5. 30.]

제3장 허가관청의 통보 등

제7조(관련 행정기관의 통보사항) ① 다른 법률에 따라 다중이용업의 허가·인가·등록·신고수리(이하 "허가등"이라 한다)를 하는 행정기관(이하 "허가관청"이라 한다)은 허가등을 한 날부터 14일 이내

에 행정안전부령으로 정하는 바에 따라 다중이용업소의 소재지를 관할하는 소방본부장 또는 소방서장에게 다음 각 호의 사항을 통보하여야 한다. 〈개정 2013. 3. 23., 2014. 11. 19., 2017. 7. 26.〉

1. 다중이용업주의 성명 및 주소
2. 다중이용업소의 상호 및 주소
3. 다중이용업의 업종 및 영업장 면적

② 허가관청은 다중이용업주가 다음 각 호의 어느 하나에 해당하는 행위를 하였을 때에는 그 신고를 수리(受理)한 날부터 30일 이내에 소방본부장 또는 소방서장에게 통보하여야 한다. 〈개정 2015. 1. 20.〉

1. 휴업·폐업 또는 휴업 후 영업의 재개(再開)
2. 영업 내용의 변경
3. 다중이용업주의 변경 또는 다중이용업주 주소의 변경
4. 다중이용업소 상호 또는 주소의 변경

③ 소방청장, 소방본부장 또는 소방서장은 다중이용업주의 휴업·폐업 또는 사업자등록말소 사실을 확인하기 위하여 필요한 경우에는 사업자등록번호를 기재하여 관할 세무관서의 장에게 다음 각 호의 사항에 대한 과세정보 제공을 요청할 수 있다. 이 경우 요청을 받은 세무관서의 장은 정당한 사유가 없으면 그 요청에 따라야 한다. 〈신설 2021. 1. 5.〉

1. 대표자 성명 및 주민등록번호, 사업장 소재지
2. 휴업·폐업한 사업자의 성명 및 주민등록번호, 휴업일·폐업일

[전문개정 2011. 5. 30.]

제7조의2(허가관청의 확인사항) 허가관청은 다른 법률에 따라 다중이용업주의 변경신고 또는 다중이용업주의 지위승계 신고를 수리하기 전에 다중이용업을 하려는 자가 다음 각 호의 사항을 이행하였는지를 확인하여야 한다. 〈개정 2018. 10. 16.〉

1. 제8조에 따른 소방안전교육 이수

2. 제13조의2에 따른 화재배상책임보험 가입

[본조신설 2015. 1. 20.]

제8조(소방안전교육) ① 다중이용업주와 그 종업원 및 다중이용업을 하려는 자는 소방청장, 소방본부장 또는 소방서장이 실시하는 소방안전교육을 받아야 한다. 다만, 다중이용업주나 종업원이 그 해당연도에 다음 각 호의 어느 하나에 해당하는 교육을 받은 경우에는 그러하지 아니하다. 〈개정 2011. 8. 4., 2014. 1. 7., 2014. 11. 19., 2015. 1. 20., 2017. 7. 26., 2018. 10. 16., 2021. 11. 30.〉

1. 「화재의 예방 및 안전관리에 관한 법률」 제34조에 따른 소방안전관리자 강습 또는 실무교육

2. 「위험물안전관리법」 제28조에 따른 위험물안전관리자 교육

② 다중이용업주는 소방안전교육 대상자인 종업원이 소방안전교육을 받도록 하여야 한다.

③ 소방청장, 소방본부장 또는 소방서장은 제1항에 따라 소방안전교육을 받은 사람에게는 교육 이수를 증명하는 서류를 발급하여야 한다. 〈개정 2014. 11. 19., 2017. 7. 26.〉

④ 제1항에 따른 소방안전교육의 대상자, 횟수, 시기, 교육시간,

그 밖에 교육에 필요한 사항은 행정안전부령으로 정한다. 〈개정 2013. 3. 23., 2014. 11. 19., 2015. 1. 20., 2017. 7. 26., 2018. 10. 16.〉

[전문개정 2011. 5. 30.]

제9조(다중이용업소의 안전관리기준 등) ① 다중이용업주 및 다중이용업을 하려는 자는 영업장에 대통령령으로 정하는 안전시설등을 행정안전부령으로 정하는 기준에 따라 설치·유지하여야 한다. 이 경우 다음 각 호의 어느 하나에 해당하는 영업장 중 대통령령으로 정하는 영업장에는 소방시설 중 간이스프링클러설비를 행정안전부령으로 정하는 기준에 따라 설치하여야 한다. 〈개정 2014. 1. 7., 2014. 11. 19., 2017. 7. 26.〉

1. 숙박을 제공하는 형태의 다중이용업소의 영업장

2. 밀폐구조의 영업장

② 소방본부장이나 소방서장은 안전시설등이 행정안전부령으로 정하는 기준에 맞게 설치 또는 유지되어 있지 아니한 경우에는 그 다중이용업주에게 안전시설등의 보완 등 필요한 조치를 명하거나 허가관청에 관계 법령에 따른 영업정지 처분 또는 허가등의 취소를 요청할 수 있다. 〈개정 2013. 3. 23., 2014. 11. 19., 2016. 1. 27., 2017. 7. 26.〉

③ 다중이용업을 하려는 자(다중이용업을 하고 있는 자를 포함한다)는 다음 각 호의 어느 하나에 해당하는 경우에는 안전시설등을 설치하기 전에 미리 소방본부장이나 소방서장에게 행정안전부령으로 정하는 안전시설등의 설계도서를 첨부하여 행정안전부령으로 정하는

바에 따라 신고하여야 한다. 〈개정 2013. 3. 23., 2014. 1. 7., 2014. 11. 19., 2015. 1. 20., 2017. 7. 26.〉

1. 안전시설등을 설치하려는 경우

2. 영업장 내부구조를 변경하려는 경우로서 다음 각 목의 어느 하나에 해당하는 경우

가. 영업장 면적의 증가

나. 영업장의 구획된 실의 증가

다. 내부통로 구조의 변경

3. 안전시설등의 공사를 마친 경우

④ 소방본부장이나 소방서장은 제3항제1호 및 제2호에 따라 신고를 받았을 때에는 설계도서가 행정안전부령으로 정하는 기준에 맞는지를 확인하고, 그에 맞도록 지도하여야 한다. 〈개정 2013. 3. 23., 2014. 11. 19., 2017. 7. 26.〉

⑤ 소방본부장이나 소방서장은 제3항제3호에 따라 공사완료의 신고를 받았을 때에는 안전시설등이 행정안전부령으로 정하는 기준에 맞게 설치되었다고 인정하는 경우에는 행정안전부령으로 정하는 바에 따라 안전시설등 완비증명서를 발급하여야 하며, 그 기준에 맞지 아니한 경우에는 시정될 때까지 안전시설등 완비증명서를 발급하여서는 아니 된다. 〈개정 2013. 3. 23., 2014. 11. 19., 2017. 7. 26.〉

⑥ 법률 제9330호 다중이용업소의 안전관리에 관한 특별법 일부개정법률 부칙 제3항에 따라 대통령령으로 정하는 숙박을 제공하는 형태의 다중이용업소의 영업장으로서 2009년 7월 8일 전에 영업을

개시한 후 영업장의 내부구조·실내장식물·안전시설등 또는 영업주를 변경한 사실이 없는 영업장을 운영하는 다중이용업주가 제1항 후단에 따라 해당 영업장에 간이스프링클러설비를 설치하는 경우 국가와 지방자치단체는 필요한 비용의 일부를 대통령령으로 정하는 바에 따라 지원할 수 있다. 〈신설 2020. 6. 9.〉

[전문개정 2011. 5. 30.]

제9조의2(다중이용업소의 비상구 추락방지) 다중이용업주 및 다중이용업을 하려는 자는 제9조제1항에 따라 설치·유지하는 안전시설등 중 행정안전부령으로 정하는 비상구에 추락위험을 알리는 표지 등 추락 등의 방지를 위한 장치를 행정안전부령으로 정하는 기준에 따라 갖추어야 한다.

[본조신설 2017. 12. 26.]

제10조(다중이용업의 실내장식물) ① 다중이용업소에 설치하거나 교체하는 실내장식물(반자돌림대 등의 너비가 10센티미터 이하인 것은 제외한다)은 불연재료(不燃材料) 또는 준불연재료로 설치하여야 한다.

② 제1항에도 불구하고 합판 또는 목재로 실내장식물을 설치하는 경우로서 그 면적이 영업장 천장과 벽을 합한 면적의 10분의 3(스프링클러설비 또는 간이스프링클러설비가 설치된 경우에는 10분의 5) 이하인 부분은 「소방시설 설치 및 관리에 관한 법률」 제20조제3항에 따른 방염성능기준 이상의 것으로 설치할 수 있다. 〈개정 2011. 8. 4., 2018. 10. 16., 2021. 11. 30.〉

③ 소방본부장이나 소방서장은 다중이용업소의 실내장식물이 제1항 및 제2항에 따른 실내장식물의 기준에 맞지 아니하는 경우에는

그 다중이용업주에게 해당 부분의 실내장식물을 교체하거나 제거하게 하는 등 필요한 조치를 명하거나 허가관청에 관계 법령에 따른 영업정지 처분 또는 허가등의 취소를 요청할 수 있다. 〈신설 2014. 1. 7., 2016. 1. 27.〉

[전문개정 2011. 5. 30.]

제10조의2(영업장의 내부구획) ① 다중이용업소의 영업장 내부를 구획하고자 할 때에는 불연재료로 구획하여야 한다. 이 경우 다음 각 호의 어느 하나에 해당하는 다중이용업소의 영업장은 천장(반자속)까지 구획하여야 한다.

1. 단란주점 및 유흥주점 영업

2. 노래연습장업

② 제1항에 따른 영업장의 내부구획 기준은 행정안전부령으로 정한다. 〈개정 2014. 11. 19., 2017. 7. 26.〉

③ 소방본부장이나 소방서장은 영업장의 내부구획이 제1항 및 제2항에 따른 기준에 맞지 아니하는 경우에는 그 다중이용업주에게 보완 등 필요한 조치를 명하거나 허가관청에 관계 법령에 따른 영업정지 처분 또는 허가등의 취소를 요청할 수 있다. 〈개정 2016. 1. 27.〉

[본조신설 2014. 1. 7.]

제11조(피난시설, 방화구획 및 방화시설의 유지·관리) 다중이용업주는 해당 영업장에 설치된 「건축법」 제49조에 따른 피난시설, 방화구획과 같은 법 제50조부터 제53조까지의 규정에 따른 방화벽, 내부 마감재료 등(이하 "방화시설"이라 한다)을 「소방시설 설치 및 관

리에 관한 법률」 제16조제1항에 따라 유지하고 관리하여야 한다. 〈개정 2011. 8. 4., 2018. 10. 16., 2021. 11. 30.〉

[전문개정 2011. 5. 30.]

제12조(피난안내도의 비치 또는 피난안내 영상물의 상영) ① 다중이용업주는 화재 등 재난이나 그 밖의 위급한 상황의 발생 시 이용객들이 안전하게 피난할 수 있도록 피난계단·피난통로, 피난설비 등이 표시되어 있는 피난안내도를 갖추어 두거나 피난안내에 관한 영상물을 상영하여야 한다.

② 제1항에 따라 피난안내도를 갖추어 두거나 피난안내에 관한 영상물을 상영하여야 하는 대상, 피난안내도를 갖추어 두어야 하는 위치, 피난안내에 관한 영상물의 상영시간, 피난안내도 및 피난안내에 관한 영상물에 포함되어야 할 내용과 그 밖에 필요한 사항은 행정안전부령으로 정한다. 〈개정 2013. 3. 23., 2014. 11. 19., 2017. 7. 26.〉

[전문개정 2011. 5. 30.]

제13조(다중이용업주의 안전시설등에 대한 정기점검 등) ① 다중이용업주는 다중이용업소의 안전관리를 위하여 정기적으로 안전시설등을 점검하고 그 점검결과서를 작성하여 1년간 보관하여야 한다. 이 경우 다중이용업소에 설치된 안전시설등이 건축물의 다른 시설·장비와 연계되어 작동되는 경우에는 해당 건축물의 관계인(「소방기본법」 제2조제3호에 따른 관계인을 말한다. 이하 같다) 및 소방안전관리자는 다중이용업주의 안전점검에 협조하여야 한다. 〈개정 2011. 8. 4., 2021. 1. 5., 2023. 1. 3.〉

② 다중이용업주는 제1항에 따른 정기점검을 행정안전부령으로 정하는 바에 따라 「소방시설 설치 및 관리에 관한 법률」 제29조에 따른 소방시설관리업자에게 위탁할 수 있다. 〈개정 2011. 8. 4., 2013. 3. 23., 2014. 11. 19., 2017. 7. 26., 2018. 10. 16., 2021. 11. 30.〉

③ 제1항에 따른 안전점검의 대상, 점검자의 자격, 점검주기, 점검방법, 그 밖에 필요한 사항은 행정안전부령으로 정한다. 〈개정 2013. 3. 23., 2014. 11. 19., 2017. 7. 26.〉

[전문개정 2011. 5. 30.]

제3장의2 다중이용업주의 화재배상책임보험의 의무가입 등 〈신설 2012. 2. 22.〉

제13조의2(화재배상책임보험 가입 의무) ① 다중이용업주 및 다중이용업을 하려는 자는 다중이용업소의 화재(폭발을 포함한다. 이하 같다)로 인하여 다른 사람이 사망·부상하거나 재산상의 손해를 입은 때에는 과실이 없는 경우에도 피해자(피해자가 사망한 경우에는 손해배상을 받을 권리를 가진 자를 말한다)에게 대통령령으로 정하는 금액을 지급할 책임을 지는 책임보험(이하 "화재배상책임보험"이라 한다)에 가입하여야 한다. 〈개정 2018. 10. 16., 2021. 1. 5.〉

② 「보험업법」 제2조제1호에 따른 다른 종류의 보험상품에 제1항에서 정한 화재배상책임보험의 내용이 포함되는 경우에는 이 법에 따른 화재배상책임보험으로 본다.

③ 보험회사는 제1항에 따른 화재배상책임보험 계약을 체결하는

경우 해당 다중이용업소의 안전시설등의 설치·유지 및 안전관리에 관한 사항을 고려하여 보험료율을 차등 적용할 수 있다. 〈신설 2016. 1. 27.〉

④ 제3항에 따라 보험회사가 보험료율을 차등 적용하는 경우에는 다중이용업소의 업종 및 면적 등 대통령령으로 정하는 사항을 고려하여야 한다. 〈신설 2016. 1. 27.〉

[본조신설 2012. 2. 22.]

제13조의3(화재배상책임보험 가입 촉진 및 관리) ① 다중이용업주는 다음 각 호의 어느 하나에 해당하는 경우에는 화재배상책임보험에 가입한 후 그 증명서(보험증권을 포함한다)를 소방본부장 또는 소방서장에게 제출하여야 한다. 〈개정 2015. 1. 20.〉

1. 제7조제2항제3호 중 다중이용업주를 변경한 경우
2. 제9조제3항 각 호에 따른 신고를 할 경우

② 화재배상책임보험에 가입한 다중이용업주는 행정안전부령으로 정하는 바에 따라 화재배상책임보험에 가입한 영업소임을 표시하는 표지를 부착할 수 있다. 〈개정 2013. 3. 23., 2014. 11. 19., 2017. 7. 26.〉

③ 보험회사는 화재배상책임보험의 계약을 체결하고 있는 다중이용업주에게 그 계약 종료일의 75일 전부터 30일 전까지의 기간 및 30일 전부터 10일 전까지의 기간에 각각 그 계약이 끝난다는 사실을 알려야 한다. 다만, 다음 각 호의 어느 하나에 해당하는 경우에는 그러하지 아니하다.

1. 보험기간이 1개월 이내인 계약의 경우

2. 다중이용업주가 자기와 다시 계약을 체결한 경우

3. 다중이용업주가 다른 보험회사와 새로운 계약을 체결한 사실을 안 경우

④ 보험회사는 화재배상책임보험에 가입하여야 할 자가 다음 각 호의 어느 하나에 해당하면 그 사실을 행정안전부령으로 정하는 기간 내에 소방청장, 소방본부장 또는 소방서장에게 알려야 한다. 〈개정 2013. 3. 23., 2014. 11. 19., 2017. 7. 26.〉

1. 화재배상책임보험 계약을 체결한 경우

2. 화재배상책임보험 계약을 체결한 후 계약 기간이 끝나기 전에 그 계약을 해지한 경우

3. 화재배상책임보험 계약을 체결한 자가 그 계약 기간이 끝난 후 자기와 다시 계약을 체결하지 아니한 경우

⑤ 소방본부장 또는 소방서장은 다중이용업주가 화재배상책임보험에 가입하지 아니하였을 때에는 허가관청에 다중이용업주에 대한 인가·허가의 취소, 영업의 정지 등 필요한 조치를 취할 것을 요청할 수 있다.

⑥ 소방청장, 소방본부장 또는 소방서장은 다중이용업주의 화재배상책임보험 가입을 관리하기 위하여 필요한 경우에는 사업자등록번호를 기재하여 관할 세무관서의 장에게 과세정보 제공을 요청할 수 있고, 해당 과세정보에 관하여는 제7조제3항을 준용한다. 〈개정 2021. 1. 5.〉

[본조신설 2012. 2. 22.]

제13조의4(보험금의 지급) 보험회사는 화재배상책임보험의 보험금

청구를 받은 때에는 지체 없이 지급할 보험금을 결정하고 보험금 결정 후 14일 이내에 피해자에게 보험금을 지급하여야 한다.

[본조신설 2012. 2. 22.]

제13조의5(화재배상책임보험 계약의 체결의무 및 가입강요 금지) ① 보험회사는 다중이용업주가 화재배상책임보험에 가입할 때에는 계약의 체결을 거부할 수 없다. 다만, 대통령령으로 정하는 경우에는 그러하지 아니하다.

② 다중이용업소에서 화재가 발생할 개연성이 높은 경우 등 행정안전부령으로 정하는 사유가 있으면 다수의 보험회사가 공동으로 화재배상책임보험 계약을 체결할 수 있다. 이 경우 보험회사는 다중이용업주에게 공동계약체결의 절차 및 보험료에 대한 안내를 하여야 한다. 〈개정 2013. 3. 23., 2014. 11. 19., 2017. 7. 26.〉

③ 보험회사는 화재배상책임보험 외에 다른 보험의 가입을 다중이용업주에게 강요할 수 없다.

[본조신설 2012. 2. 22.]

제13조의6(화재배상책임보험 계약의 해제·해지) 보험회사는 다음 각 호의 어느 하나에 해당하는 경우 외에는 다중이용업주와의 화재배상책임보험 계약을 해제하거나 해지하여서는 아니 된다. 〈개정 2013. 3. 23., 2014. 11. 19., 2017. 7. 26.〉

1. 제7조제2항제3호에 따라 다중이용업주가 변경된 경우. 다만, 변경된 다중이용업주가 화재배상책임보험 계약을 승계한 경우는 제외한다.

2. 다중이용업주가 화재배상책임보험에 이중으로 가입되어 그 중

하나의 계약을 해제 또는 해지하려는 경우

3. 그 밖에 행정안전부령으로 정하는 경우

[본조신설 2012. 2. 22.]

제4장 다중이용업소 안전관리를 위한 기반조성

제14조(다중이용업소의 소방안전관리) 다중이용업주는 「화재의 예방 및 안전관리에 관한 법률」 제24조제5항제3호·제4호·제6호 및 제9호에 따른 소방안전관리업무를 수행하여야 한다. 〈개정 2011. 8. 4., 2018. 10. 16., 2021. 11. 30.〉

[전문개정 2011. 5. 30.]

[제목개정 2011. 8. 4.]

제14조의2(다중이용업주의 안전사고 보고의무) ① 다중이용업주는 다중이용업소의 화재, 영업장 시설의 하자 또는 결함 등으로 인하여 다음 각 호의 어느 하나에 해당하는 사고가 발생했거나 발생한 사실을 알게 된 경우 소방본부장 또는 소방서장에게 그 사실을 즉시 보고하여야 한다.

1. 사람이 사망한 사고
2. 사람이 부상당하거나 중독된 사고
3. 화재 또는 폭발 사고
4. 그 밖에 대통령령으로 정하는 사고

② 제1항에 따른 보고의 방법 및 절차 등 필요한 사항은 대통령령으로 정한다.

[본조신설 2021. 1. 5.]

제15조(다중이용업소에 대한 화재위험평가 등) ① 소방청장, 소방본부장 또는 소방서장은 다음 각 호의 어느 하나에 해당하는 지역 또는 건축물에 대하여 화재를 예방하고 화재로 인한 생명·신체·재산상의 피해를 방지하기 위하여 필요하다고 인정하는 경우에는 화재위험평가를 할 수 있다. 〈개정 2014. 11. 19., 2017. 7. 26.〉

1. 2천제곱미터 지역 안에 다중이용업소가 50개 이상 밀집하여 있는 경우

2. 5층 이상인 건축물로서 다중이용업소가 10개 이상 있는 경우

3. 하나의 건축물에 다중이용업소로 사용하는 영업장 바닥면적의 합계가 1천제곱미터 이상인 경우

② 소방청장, 소방본부장 또는 소방서장은 화재위험평가 결과 다중이용업소에 부여된 등급(이하 "화재안전등급"이라 한다)이 대통령령으로 정하는 기준 미만인 경우에는 해당 다중이용업주 또는 관계인에게 「화재의 예방 및 안전관리에 관한 법률」 제14조에 따른 조치를 명할 수 있다. 〈개정 2011. 8. 4., 2014. 11. 19., 2017. 7. 26., 2018. 10. 16., 2021. 1. 5., 2021. 11. 30., 2023. 1. 3.〉

③ 소방청장, 소방본부장 또는 소방서장은 제2항에 따른 명령으로 인하여 손실을 입은 자가 있으면 대통령령으로 정하는 바에 따라 이를 보상하여야 한다. 다만, 법령을 위반하여 건축되거나 설비된 다중이용업소에 대하여는 그러하지 아니하다. 〈개정 2014. 11. 19., 2017. 7. 26.〉

④ 소방청장, 소방본부장 또는 소방서장은 화재안전등급이 대통령령으로 정하는 기준 이상인 다중이용업소에 대해서는 안전시설등의

일부를 설치하지 아니하게 할 수 있다. 〈개정 2014. 11. 19., 2017. 7. 26., 2023. 1. 3.〉

⑤ 소방청장, 소방본부장 또는 소방서장은 화재안전등급이 대통령령으로 정하는 기준 이상인 다중이용업소에 대해서는 행정안전부령으로 정하는 기간 동안 제8조에 따른 소방안전교육 및 「화재의 예방 및 안전관리에 관한 법률」 제7조에 따른 화재안전조사를 면제할 수 있다. 〈신설 2023. 1. 3.〉

⑥ 소방청장, 소방본부장 또는 소방서장은 화재위험평가를 제16조제1항에 따른 화재위험평가 대행자로 하여금 대행하게 할 수 있다. 〈개정 2014. 11. 19., 2017. 7. 26., 2023. 1. 3.〉

[전문개정 2011. 5. 30.]

제16조(화재위험평가 대행자의 등록 등) ① 제15조제6항에 따라 화재위험평가를 대행하려는 자는 대통령령으로 정하는 기술인력, 시설 및 장비를 갖추고 행정안전부령으로 정하는 바에 따라 소방청장에게 화재위험평가 대행자(이하 "평가대행자"라 한다)로 등록하여야 한다. 등록 사항 중 대통령령으로 정하는 중요 사항을 변경할 때에도 또한 같다. 〈개정 2013. 3. 23., 2014. 11. 19., 2017. 7. 26., 2023. 1. 3.〉

② 다음 각 호의 어느 하나에 해당하는 자는 평가대행자로 등록할 수 없다. 〈개정 2011. 8. 4., 2015. 1. 20., 2018. 10. 16., 2021. 1. 12., 2021. 11. 30.〉

1. 피성년후견인

2. 삭제 〈2015. 1. 20.〉

3. 심신상실자, 알코올 중독자 등 대통령령으로 정하는 정신적 제약이 있는 자

4. 제17조제1항에 따라 등록이 취소(이 항 제1호에 해당하여 등록이 취소된 경우는 제외한다)된 후 2년이 지나지 아니한 자

5. 이 법, 「소방기본법」, 「소방시설공사업법」, 「화재의 예방 및 안전관리에 관한 법률」, 「소방시설 설치 및 관리에 관한 법률」, 「위험물 안전관리법」을 위반하여 징역 이상의 실형을 선고받고 그 형의 집행이 끝나거나 집행을 받지 아니하기로 확정된 후 2년이 지나지 아니한 사람

6. 임원 중 제1호부터 제5호까지의 어느 하나에 해당하는 사람이 있는 법인

③ 평가대행자는 다음 각 호의 사항을 준수하여야 한다. 〈개정 2013. 3. 23., 2014. 11. 19., 2017. 7. 26.〉

1. 평가서를 거짓으로 작성하지 아니할 것

2. 다른 평가서의 내용을 복제(複製)하지 아니할 것

3. 평가서를 행정안전부령으로 정하는 기간 동안 보존할 것

4. 등록증이나 명의를 다른 사람에게 대여하거나 도급받은 화재위험평가 업무를 하도급하지 아니할 것

④ 평가대행자는 업무를 휴업하거나 폐업하려면 소방청장에게 신고하여야 한다. 〈개정 2014. 11. 19., 2017. 7. 26.〉

⑤ 제4항에 따른 휴업 또는 폐업 신고에 필요한 사항은 행정안전부령으로 정한다. 〈개정 2013. 3. 23., 2014. 11. 19., 2017. 7. 26.〉

[전문개정 2011. 5. 30.]

제17조(평가대행자의 등록취소 등) ① 소방청장은 평가대행자가 다음 각 호의 어느 하나에 해당하는 경우에는 그 등록을 취소하거나 6개월 이내의 기간을 정하여 업무의 정지를 명할 수 있다. 다만, 제1호부터 제4호까지의 어느 하나에 해당하는 경우에는 그 등록을 취소하여야 한다. 〈개정 2013. 3. 23., 2014. 11. 19., 2017. 7. 26., 2021. 1. 12.〉

1. 제16조제2항 각 호의 어느 하나에 해당하는 경우. 다만, 제16조제2항제6호에 해당하는 경우 6개월 이내에 그 임원을 바꾸어 임명한 경우는 제외한다.

2. 거짓이나 그 밖의 부정한 방법으로 등록한 경우

3. 최근 1년 이내에 2회의 업무정지처분을 받고 다시 업무정지처분 사유에 해당하는 행위를 한 경우

4. 다른 사람에게 등록증이나 명의를 대여한 경우

5. 제16조제1항 전단에 따른 등록기준에 미치지 못하게 된 경우

6. 제16조제3항제2호를 위반하여 다른 평가서의 내용을 복제한 경우

7. 제16조제3항제3호를 위반하여 평가서를 행정안전부령으로 정하는 기간 동안 보존하지 아니한 경우

8. 제16조제3항제4호를 위반하여 도급받은 화재위험평가 업무를 하도급한 경우

9. 평가서를 거짓으로 작성하거나 고의 또는 중대한 과실로 평가서를 부실하게 작성한 경우

10. 등록 후 2년 이내에 화재위험평가 대행 업무를 시작하지 아니하거나 계속하여 2년 이상 화재위험평가 대행 실적이 없는 경우

② 제1항에 따라 등록취소 또는 업무정지 처분을 받은 자는 그 처분을 받은 날부터 화재위험평가 대행 업무를 수행할 수 없다.

③ 제1항에 따른 행정처분의 기준과 그 밖에 필요한 사항은 행정안전부령으로 정한다. 〈개정 2013. 3. 23., 2014. 11. 19., 2017. 7. 26.〉

[전문개정 2011. 5. 30.]

제17조의2(청문) 소방청장은 제17조제1항에 따라 평가대행자의 등록을 취소하거나 업무를 정지하려면 청문을 하여야 한다. 〈개정 2014. 1. 7., 2014. 11. 19., 2017. 7. 26.〉

[전문개정 2011. 5. 30.]

제18조(평가서의 작성방법 및 평가대행 비용의 산정기준) 소방청장은 평가서의 작성방법 및 화재위험평가의 대행에 필요한 비용의 산정기준을 정하여 고시하여야 한다. 〈개정 2014. 11. 19., 2017. 7. 26.〉

[전문개정 2011. 5. 30.]

제19조(안전관리에 관한 전산시스템의 구축·운영) ① 소방청장은 허가등 또는 그 변경 사항과 관련 통계 등 업무 수행에 필요한 행정정보를 다중이용업소의 안전관리에 관한 정책 수립, 연구·조사 등에 활용하기 위하여 전산시스템을 구축·운영하여야 한다. 〈개정 2014. 11. 19., 2017. 7. 26.〉

② 소방청장은 화재배상책임보험에 가입하지 아니한 다중이용업주

를 효율적으로 관리하기 위하여 제1항에 따라 구축·운영하는 전산시스템과 보험회사 및 보험 관련 단체가 관리·운영하는 전산시스템을 연계하여 책임보험전산망을 구축·운영할 수 있다. 〈신설 2012. 2. 22., 2014. 11. 19., 2017. 7. 26.〉

③ 소방청장은 제1항에 따른 전산시스템 및 제2항에 따른 책임보험전산망의 구축·운영을 위하여 허가관청, 보험회사 및 보험 관련 단체에 필요한 자료 또는 정보의 제공을 요청할 수 있다. 이 경우 관련 자료나 정보의 제공을 요청받은 자는 특별한 사유가 없으면 요청에 따라야 한다. 〈개정 2012. 2. 22., 2014. 11. 19., 2017. 7. 26.〉

④ 소방청장은 허가관청이 제1항에 따른 전산시스템을 다중이용업소의 안전관리에 관한 업무에 활용할 수 있도록 하여야 한다. 다만, 제2항에 따른 책임보험전산망에 대하여는 그러하지 아니하다. 〈개정 2012. 2. 22., 2014. 11. 19., 2017. 7. 26.〉

[전문개정 2011. 5. 30.]

제20조(법령위반업소의 공개) ① 소방청장, 소방본부장 또는 소방서장은 다중이용업주가 제9조제2항 및 제15조제2항에 따른 조치 명령을 2회 이상 받고도 이행하지 아니하였을 때에는 그 조치 내용(그 위반사항에 대하여 수사기관에 고발된 경우에는 그 고발된 사실을 포함한다)을 인터넷 등에 공개할 수 있다. 〈개정 2014. 11. 19., 2017. 7. 26.〉

② 제1항에 따라 위반업소를 공개하는 경우 그 내용·기간 및 방법 등에 필요한 사항은 대통령령으로 정한다.

[전문개정 2011. 5. 30.]

제20조의2(화재안전조사 결과 공개) ① 소방청장, 소방본부장 또는 소방서장은 다중이용업소를 「화재의 예방 및 안전관리에 관한 법률」 제7조에 따라 화재안전조사를 실시한 경우 다음 각 호의 사항을 인터넷 등에 공개할 수 있다. 〈개정 2021. 11. 30.〉

1. 다중이용업소의 상호 및 주소
2. 안전시설등 설치 및 유지·관리 현황
3. 피난시설, 방화구획 및 방화시설 설치 및 유지·관리 현황
4. 그 밖에 대통령령으로 정하는 사항

② 제1항에 따라 화재안전조사 결과를 공개하는 경우 그 내용·기간 및 방법 등에 필요한 사항은 대통령령으로 정한다. 〈개정 2023. 1. 3.〉

[본조신설 2021. 1. 5.]

[제목개정 2023. 1. 3.]

제21조(안전관리우수업소표지 등) ① 소방본부장이나 소방서장은 다중이용업소의 안전관리업무 이행 실태가 우수하여 대통령령으로 정하는 요건을 갖추었다고 인정할 때에는 그 사실을 해당 다중이용업주에게 통보하고 이를 공표할 수 있다.

② 제1항에 따라 통보받은 다중이용업주는 그 사실을 나타내는 표지(이하 "안전관리우수업소표지"라 한다)를 영업소의 명칭과 함께 영업소의 출입구에 부착할 수 있다.

③ 소방본부장이나 소방서장은 제1항에 해당하는 다중이용업소에 대하여는 행정안전부령으로 정하는 기간 동안 제8조에 따른 소방안

전교육 및 「화재의 예방 및 안전관리에 관한 법률」 제7조에 따른 화재안전조사를 면제할 수 있다. 〈개정 2011. 8. 4., 2013. 3. 23., 2014. 11. 19., 2017. 7. 26., 2018. 10. 16., 2021. 11. 30.〉

④ 안전관리우수업소표지에 필요한 사항은 행정안전부령으로 정한다. 〈개정 2013. 3. 23., 2014. 11. 19., 2017. 7. 26.〉

[전문개정 2011. 5. 30.]

제5장 보칙 〈개정 2011. 5. 30.〉

제21조의2(압류의 금지) 이 법에 따른 화재배상책임보험의 보험금 청구권 중 다른 사람의 사망 또는 부상으로 인하여 발생한 청구권은 이를 압류할 수 없다.

[본조신설 2012. 2. 22.]

제22조(권한의 위탁 등) ① 소방청장, 소방본부장 또는 소방서장은 제8조제1항에 따른 다중이용업주 및 그 종업원에 대한 소방안전교육 업무, 제19조제2항의 책임보험전산망의 구축·운영에 관한 업무를 대통령령으로 정하는 바에 따라 관련 법인 또는 단체에 위탁할 수 있다. 〈개정 2012. 2. 22., 2014. 11. 19., 2017. 7. 26.〉

② 제1항에 따라 위탁받은 업무에 종사하는 법인 또는 단체의 임원 및 직원은 「형법」 제129조부터 제132조까지의 규정을 적용할 때에는 공무원으로 본다.

③ 제1항에 따라 위탁받은 법인 또는 단체의 장은 행정안전부령으로 정하는 바에 따라 위탁받은 업무의 수행에 드는 경비를 교육대상자로부터 징수할 수 있다. 〈개정 2013. 3. 23., 2014. 11.

19., 2017. 7. 26.〉

④ 제1항에 따라 소방안전교육을 위탁받은 자가 갖추어야 할 시설기준, 교수요원의 자격 등에 필요한 사항은 행정안전부령으로 정한다. 〈개정 2013. 3. 23., 2014. 11. 19., 2017. 7. 26.〉

⑤ 제1항에 따라 업무를 위탁받은 자는 그 직무상 알게 된 정보를 누설하거나 다른 사람에게 제공하는 등 부당한 목적을 위하여 사용하여서는 아니 된다. 〈신설 2012. 2. 22.〉

[전문개정 2011. 5. 30.]

제22조의2(벌칙 적용 시의 공무원 의제) 제15조제6항에 따라 화재위험평가업무를 대행하는 사람은 「형법」 제129조부터 제132조까지의 규정을 적용할 때에는 공무원으로 본다. 〈개정 2023. 1. 3.〉

[본조신설 2015. 1. 20.]

제6장 벌칙 〈개정 2011. 5. 30.〉

제23조(벌칙) 다음 각 호의 어느 하나에 해당하는 자는 1년 이하의 징역 또는 1천만원 이하의 벌금에 처한다. 〈개정 2012. 2. 22.〉

1. 제16조제1항을 위반하여 평가대행자로 등록하지 아니하고 화재위험평가 업무를 대행한 자
2. 제22조제5항을 위반하여 다른 사람에게 정보를 제공하거나 부당한 목적으로 이용한 자

[전문개정 2011. 5. 30.]

제24조(양벌규정) 법인의 대표자나 법인 또는 개인의 대리인, 사용인, 그 밖의 종업원이 그 법인 또는 개인의 업무에 관하여 제23조

의 위반행위를 하면 그 행위자를 벌하는 외에 그 법인 또는 개인에게도 해당 조문의 벌금형을 과(科)한다. 다만, 법인 또는 개인이 그 위반행위를 방지하기 위하여 해당 업무에 관하여 상당한 주의와 감독을 게을리하지 아니한 경우에는 그러하지 아니하다.

[전문개정 2008. 12. 26.]

제25조(과태료) ① 다음 각 호의 어느 하나에 해당하는 자에게는 300만원 이하의 과태료를 부과한다. 〈개정 2011. 8. 4., 2012. 2. 22., 2014. 1. 7., 2015. 1. 20., 2017. 12. 26., 2018. 10. 16., 2021. 1. 5., 2023. 1. 3.〉

1. 제8조제1항 및 제2항을 위반하여 소방안전교육을 받지 아니하거나 종업원이 소방안전교육을 받도록 하지 아니한 다중이용업주

2. 제9조제1항을 위반하여 안전시설등을 기준에 따라 설치·유지하지 아니한 자

2의2. 제9조제3항을 위반하여 설치신고를 하지 아니하고 안전시설등을 설치하거나 영업장 내부구조를 변경한 자 또는 안전시설등의 공사를 마친 후 신고를 하지 아니한 자

2의3. 제9조의2를 위반하여 비상구에 추락 등의 방지를 위한 장치를 기준에 따라 갖추지 아니한 자

3. 제10조제1항 및 제2항을 위반하여 실내장식물을 기준에 따라 설치·유지하지 아니한 자

3의2. 제10조의2제1항 및 제2항을 위반하여 영업장의 내부구획을 기준에 따라 설치·유지하지 아니한 자

4. 제11조를 위반하여 피난시설, 방화구획 또는 방화시설에 대하

여 폐쇄 · 훼손 · 변경 등의 행위를 한 자

5. 제12조제1항을 위반하여 피난안내도를 갖추어 두지 아니하거나 피난안내에 관한 영상물을 상영하지 아니한 자

6. 제13조제1항 전단을 위반하여 다음 각 목의 어느 하나에 해당하는 자

가. 안전시설등을 점검(제13조제2항에 따라 위탁하여 실시하는 경우를 포함한다)하지 아니한 자

나. 정기점검결과서를 작성하지 아니하거나 거짓으로 작성한 자

다. 정기점검결과서를 보관하지 아니한 자

6의2. 제13조의2제1항을 위반하여 화재배상책임보험에 가입하지 아니한 다중이용업주

6의3. 제13조의3제3항 또는 제4항을 위반하여 통지를 하지 아니한 보험회사

6의4. 제13조의5제1항을 위반하여 다중이용업주와의 화재배상책임보험 계약 체결을 거부하거나 제13조의6을 위반하여 임의로 계약을 해제 또는 해지한 보험회사

7. 제14조를 위반하여 소방안전관리업무를 하지 아니한 자

8. 제14조의2제1항을 위반하여 보고 또는 즉시보고를 하지 아니하거나 거짓으로 한 자

② 제1항에 따른 과태료는 대통령령으로 정하는 바에 따라 소방청장, 소방본부장 또는 소방서장이 부과 · 징수한다. 〈개정 2014. 11. 19., 2017. 7. 26.〉

[전문개정 2011. 5. 30.]

제26조(이행강제금) ① 소방청장, 소방본부장 또는 소방서장은 제9조제2항, 제10조제3항, 제10조의2제3항 또는 제15조제2항에 따라 조치 명령을 받은 후 그 정한 기간 이내에 그 명령을 이행하지 아니하는 자에게는 1천만원 이하의 이행강제금을 부과한다. 〈개정 2014. 1. 7., 2014. 11. 19., 2017. 7. 26.〉

② 소방청장, 소방본부장 또는 소방서장은 제1항에 따른 이행강제금을 부과하기 전에 제1항에 따른 이행강제금을 부과·징수한다는 것을 미리 문서로 알려 주어야 한다. 〈개정 2014. 11. 19., 2017. 7. 26.〉

③ 소방청장, 소방본부장 또는 소방서장은 제1항에 따라 이행강제금을 부과할 때에는 이행강제금의 금액, 이행강제금의 부과 사유, 납부기한, 수납기관, 이의 제기 방법 및 이의 제기 기관 등을 적은 문서로 하여야 한다. 〈개정 2014. 11. 19., 2017. 7. 26.〉

④ 소방청장, 소방본부장 또는 소방서장은 최초의 조치 명령을 한 날을 기준으로 매년 2회의 범위에서 그 조치 명령이 이행될 때까지 반복하여 제1항에 따른 이행강제금을 부과·징수할 수 있다. 〈개정 2014. 11. 19., 2017. 7. 26.〉

⑤ 소방청장, 소방본부장 또는 소방서장은 조치 명령을 받은 자가 명령을 이행하면 새로운 이행강제금의 부과를 즉시 중지하되, 이미 부과된 이행강제금은 징수하여야 한다. 〈개정 2014. 11. 19., 2017. 7. 26.〉

⑥ 소방청장, 소방본부장 또는 소방서장은 제1항에 따라 이행강제금 부과처분을 받은 자가 이행강제금을 기한까지 납부하지 아니하면

국세 체납처분의 예 또는 「지방행정제재·부과금의 징수 등에 관한 법률」에 따라 징수한다. 〈개정 2013. 8. 6., 2014. 11. 19., 2017. 7. 26., 2020. 3. 24.〉

⑦ 제1항에 따라 이행강제금을 부과하는 위반행위의 종류와 위반 정도에 따른 금액과 이의 제기 절차, 그 밖에 필요한 사항은 대통령령으로 정한다.

[전문개정 2011. 5. 30.]

부칙 〈제7906호, 2006. 3. 24.〉

제1조 (시행일) 이 법은 공포 후 1년이 경과한 날부터 시행한다.

제2조 (처분 등에 관한 경과조치) 이 법 시행당시 「소방시설설치유지 및 안전관리에 관한 법률」 제8조·제12조 또는 제23조의 규정에 따라 행한 행정기관의 행위 또는 행정기관에 대한 행위는 그에 해당하는 이 법 제8조 내지 제10조의 규정에 따른 행정기관의 행위 또는 행정기관에 대한 행위로 본다.

제3조 (소방시설등 설치·유지 및 관리에 관한 경과조치) 이 법 시행당시 「소방시설설치유지 및 안전관리에 관한 법률」에 의하여 적합하게 설치·유지 및 관리되어 온 다중이용업소의 소방시설등은 이 법 제9조제1항 규정에 적합한 소방시설등으로 본다.

제4조 (벌칙 등에 관한 경과조치) 이 법 시행 전 「소방시설설치유지 및 안전관리에 관한 법률」 제8조제1항·제2항 및 제23조제2항의 규정에 위반한 자에 대한 벌칙 또는 과태료의 적용에 있어서는 종전의 규정에 의한다.

제5조 (다른 법령과의 관계) 이 법 시행당시 다른 법령에서 「소방시설설치유지 및 안전관리에 관한 법률」 제8조·제12조 또는 제23조의 규정을 인용한 경우 이 법 가운데 그에 해당하는 규정이 있는 때에는 종전의 규정에 갈음하여 이 법의 해당규정을 인용한 것으로 본다.

제6조 (다른 법률의 개정) 소방시설설치유지 및 안전관리에 관한 법률 일부를 다음과 같이 개정한다.

제8조를 삭제한다.

제12조제1항 단서를 삭제한다.

제23조제2항을 삭제한다.

제48조제1호중 "제8조제2항·제9조제2항"을 "제9조제2항"으로 한다.

제53조제1항제1호중 "제8조제1항·제9조제1항"을 "제9조제1항"으로 하고, 동항제4호를 삭제한다.

부칙 〈제8852호, 2008. 2. 29.〉 (정부조직법)

제1조(시행일) 이 법은 공포한 날부터 시행한다. 다만, ···〈생략〉···, 부칙 제6조에 따라 개정되는 법률 중 이 법의 시행 전에 공포되었으나 시행일이 도래하지 아니한 법률을 개정한 부분은 각각 해당 법률의 시행일부터 시행한다.

제2조 부터 제5조까지 생략

제6조(다른 법률의 개정) ① 부터 〈715〉 까지 생략

〈716〉 다중이용업소 의 안전관리에 관한 특별법 일부를 다음과

같이 개정한다.

제7조제1항 각 호 외의 부분, 제8조제4항, 제9조제1항부터 제5항까지, 제12조제2항, 제13조제2항 · 제3항, 제16조제1항 전단 · 제3항제3호 · 제5항, 제17조제1항제7호 · 제3항, 제21조제3항 · 제4항 및 제22조제3항 · 제4항 중 "행정자치부령"을 각각 "행정안전부령"으로 한다.

〈717〉 부터 〈760〉 까지 생략

제7조 생략

부칙 〈제8974호, 2008. 3. 21.〉 (건축법)

제1조(시행일) 이 법은 공포한 날부터 시행한다. 〈단서 생략〉

제2조 부터 제12조까지 생략

제13조(다른 법률의 개정) ① 부터 ⑰ 까지 생략

⑱ 다중이용업소의 안전관리에 관한 특별법 일부를 다음과 같이 개정한다.

제11조 중 "제39조제1항"을 "제49조제1항"으로, "동법 제40조 · 제41조 · 제43조 및 제44조"를 "같은 법 제50조부터 제53조까지"로 한다.

⑲ 부터 〈70〉 까지 생략

제14조 생략

부칙 〈제9195호, 2008. 12. 26.〉

이 법은 공포한 날부터 시행한다.

부칙 〈제9330호, 2009. 1. 7.〉

①(시행일) 이 법은 공포 후 6개월이 경과한 날부터 시행한다.

②(적용례) 제9조제1항 후단의 개정규정은 이 법 시행 당시 영업 중인 대통령령으로 정하는 숙박을 제공하는 형태의 다중이용업소의 영업장에도 적용한다. 〈개정 2020. 6. 9.〉

③(경과조치) 대통령령으로 정하는 숙박을 제공하는 형태의 다중이용업소의 영업장으로서 이 법 시행일(2009년 7월 8일) 전에 영업을 개시한 후 영업장의 내부구조·실내장식물·안전시설등 또는 영업주를 변경한 사실이 없는 영업장을 운영하는 다중이용업주는 해당 영업장에 간이스프링클러설비를 제9조제1항 후단의 개정규정에 따른 기준에 적합하게 2022년 6월 30일까지 설치하여야 한다. 〈신설 2020. 6. 9.〉

부칙 〈제10015호, 2010. 2. 4.〉

①(시행일) 이 법은 공포 후 6개월이 경과한 날부터 시행한다.

②(경과조치) 이 법 시행 전에 이의가 제기된 이행강제금에 대한 이의 제기 절차에 관하여는 제26조의 개정규정에도 불구하고 종전의 규정에 따른다.

부칙 〈제10750호, 2011. 5. 30.〉

이 법은 공포 후 6개월이 경과한 날부터 시행한다.

부칙 〈제11037호, 2011. 8. 4.〉 (소방시설 설치·유지 및

안전관리에 관한 법률)

제1조(시행일) 이 법은 공포 후 6개월이 경과한 날부터 시행한다.

제2조 부터 제5조까지 생략

제6조(다른 법률의 개정) ①부터 ③까지 생략

④ 법률 제10750호 다중이용업소의 안전관리에 관한 특별법 일부개정법률 일부를 다음과 같이 개정한다.

제2조제1항제2호, 같은 조 제2항, 제8조제1항 단서, 제10조제2항, 제11조, 제13조제2항, 제14조, 제15조제2항, 제16조제2항제4호 및 제21조제3항 중 "「소방시설설치유지 및 안전관리에 관한 법률」"을 각각 "「소방시설 설치·유지 및 안전관리에 관한 법률」"로 한다.

제8조제1항 단서 및 제13조제1항 후단 중 "방화관리자"를 각각 "소방안전관리자"로 한다.

제14조 제목 "(다중이용업소의 방화관리)"를 "(다중이용업소의 소방안전관리)"로 하고, 같은 조 중 "방화관리업무"를 "소방안전관리업무"로 한다.

제21조제3항 중 "소방검사"를 "소방특별조사"로 한다.

제25조제1항제7호 중 "방화관리업무"를 "소방안전관리업무"로 한다.

⑤부터 ㉕까지 생략

부칙 〈제11336호, 2012. 2. 22.〉

제1조(시행일) 이 법은 공포 후 1년이 경과한 날부터 시행한다. 다만, 제2조제1항제1호의 다중이용업 중 영업장으로 사용하는 바닥면적의 합계가 150제곱미터 미만인 휴게음식점, 일반음식점, 게임제공

업, 인터넷컴퓨터게임시설제공업, 복합유통게임제공업의 경우에는 공포 후 3년이 경과한 날부터 시행한다.

제2조(다중이용업소를 운영 중인 자에 대한 화재배상책임보험 의무가입에 관한 경과조치) 이 법 시행 당시 종전의 규정에 따라 다중이용업소를 운영 중인 자로서 제13조의2제1항의 개정규정에 따라 화재배상책임보험에 의무 가입하여야 하는 다중이용업주는 이 법 시행일부터 6개월 이내에 화재배상책임보험에 가입하여야 한다.

부칙 〈제11690호, 2013. 3. 23.〉 (정부조직법)

제1조(시행일) ① 이 법은 공포한 날부터 시행한다.

② 생략

제2조 부터 제5조까지 생략

제6조(다른 법률의 개정) ①부터 〈230〉까지 생략

〈231〉 다중이용업소의 안전관리에 관한 특별법 일부를 다음과 같이 개정한다.

제7조제1항 각 호 외의 부분, 제8조제4항, 제9조제1항 전단·후단, 같은 조 제2항, 같은 조 제3항 각 호 외의 부분, 같은 조 제4항·제5항, 제12조제2항, 제13조제2항·제3항, 제13조의3제2항, 같은 조 제4항 각 호 외의 부분, 제13조의5제2항 전단, 제13조의6제3호, 제16조제1항 전단, 같은 조 제3항제3호, 같은 조 제5항, 제17조제1항제7호, 같은 조 제3항, 제21조제3항·제4항 및 제22조제3항·제4항 중 "행정안전부령"을 각각 "안전행정부령"으로 한다.

〈232〉부터 〈710〉까지 생략

제7조 생략

부칙 〈제11998호, 2013. 8. 6.〉 (지방세외수입금의 징수 등에 관한 법률)

제1조(시행일) 이 법은 공포 후 1년이 경과한 날부터 시행한다.

제2조 생략

제3조(다른 법률의 개정) ①부터 ⑯까지 생략

⑰ 다중이용업소의 안전관리에 관한 특별법 일부를 다음과 같이 개정한다.

제26조제6항 중 “국세 또는 지방세 체납처분의 예에 따라 징수한다”를 “국세 체납처분의 예 또는 「지방세외수입금의 징수 등에 관한 법률」에 따라 징수한다”로 한다.

⑱부터 〈71〉까지 생략

부칙 〈제12203호, 2014. 1. 7.〉

제1조(시행일) 이 법은 공포 후 1년이 경과한 날부터 시행한다.

제2조(밀폐구조의 영업장에 관한 적용례) 제9조제1항제2호의 개정규정은 이 법 시행 후에 영업을 개시하기 위하여 안전시설등을 설치신고하거나 내부구조 변경신고를 하는 영업장부터 적용한다.

제3조(영업장의 내부구획에 관한 적용례) 제10조의2의 개정규정은 이 법 시행 후에 영업을 개시하기 위하여 안전시설등을 설치신고하는 영업장부터 적용한다.

제4조(청문에 관한 적용례) 제17조의2의 개정규정은 이 법 시행 후에

행한 위반행위에 대하여 업무정지를 명하려는 경우부터 적용한다.
제5조(과태료 및 이행강제금에 관한 적용례) 제25조 및 제26조의 개정 규정은 이 법 시행 후에 행한 위반행위에 대하여 과태료를 부과하거나 이행강제금을 부과하는 경우부터 적용한다.

부칙 〈제12844호, 2014. 11. 19.〉 (정부조직법)

제1조(시행일) 이 법은 공포한 날부터 시행한다. 다만, 부칙 제6조에 따라 개정되는 법률 중 이 법 시행 전에 공포되었으나 시행일이 도래하지 아니한 법률을 개정한 부분은 각각 해당 법률의 시행일부터 시행한다.

제2조 부터 제5조까지 생략

제6조(다른 법률의 개정) ①부터 〈141〉까지 생략

〈142〉 다중이용업소의 안전관리에 관한 특별법 일부를 다음과 같이 개정한다.

제5조제1항 · 제3항 · 제4항, 같은 조 제5항 전단, 제6조제1항, 제8조제1항 본문, 같은 조 제3항, 제13조의3제4항 각 호 외의 부분, 제15조제1항 각 호 외의 부분, 같은 조 제2항, 같은 조 제3항 본문, 같은 조 제4항 · 제5항, 제16조제1항 전단, 같은 조 제4항, 제17조제1항 각 호 외의 부분 본문, 제17조의2, 제18조, 제19조제1항 · 제2항, 같은 조 제3항 전단, 같은 조 제4항 본문, 제20조제1항, 제22조제1항, 제25조제2항 및 제26조제1항부터 제6항까지 중 "소방방재청장"을 각각 "국민안전처장관"으로 한다.

제7조제1항 각 호 외의 부분, 제8조제4항, 제9조제1항 전단 · 후

단, 같은 조 제2항, 같은 조 제3항 각 호 외의 부분, 같은 조 제4항 · 제5항, 제12조제2항, 제13조제2항 · 제3항, 제13조의3제2항, 같은 조 제4항 각 호 외의 부분, 제13조의5제2항 전단, 제13조의6제3호, 제16조제1항 전단, 같은 조 제3항제3호, 같은 조 제5항, 제17조제1항제7호, 같은 조 제3항, 제21조제3항 · 제4항 및 제22조제3항 · 제4항 중 "안전행정부령"을 각각 "총리령"으로 한다.

법률 제12203호 다중이용업소의 안전관리에 관한 특별법 일부개정법률 제9조제1항 각 호 외의 부분 전단 · 후단 및 제10조의2제2항의 개정규정 중 "안전행정부령"을 각각 "총리령"으로 하고, 제13조의3제6항 각 호 외의 부분의 개정규정 중 "소방방재청장"을 "국민안전처장관"으로 한다.

〈143〉부터 〈258〉까지 생략

제7조 생략

부칙 〈제13059호, 2015. 1. 20.〉

제1조(시행일) 이 법은 공포한 날부터 시행한다. 다만, 제8조제1항 및 제25조제1항의 개정규정은 공포 후 1년이 경과한 날부터 시행한다.

제2조(금치산자 등에 대한 경과조치) 제16조제2항제1호의 개정규정에 따른 피성년후견인 및 피한정후견인에는 법률 제10429호 민법 일부개정법률 부칙 제2조에 따라 금치산 또는 한정치산 선고의 효력이 유지되는 사람을 포함하는 것으로 본다.

부칙 〈제13914호, 2016. 1. 27.〉

제1조(시행일) 이 법은 공포 후 6개월이 경과한 날부터 시행한다.
제2조(보험료율에 관한 경과조치) 제13조의2제3항 및 제4항의 개정규정은 이 법 시행 전에 체결된 화재배상책임보험을 이 법 시행 후에 갱신하는 경우에도 적용한다.

부칙 〈제14839호, 2017. 7. 26.〉 (정부조직법)

제1조(시행일) ① 이 법은 공포한 날부터 시행한다. 다만, 부칙 제5조에 따라 개정되는 법률 중 이 법 시행 전에 공포되었으나 시행일이 도래하지 아니한 법률을 개정한 부분은 각각 해당 법률의 시행일부터 시행한다.
제2조 부터 제4조까지 생략
제5조(다른 법률의 개정) ①부터 〈253〉까지 생략
〈254〉 다중이용업소의 안전관리에 관한 특별법 일부를 다음과 같이 개정한다.
제5조제1항 · 제3항 · 제4항, 같은 조 제5항 전단, 제6조제1항, 제8조제1항 각 호 외의 부분 본문, 같은 조 제3항, 제13조의3제4항 각 호 외의 부분, 같은 조 제6항 각 호 외의 부분, 제15조제1항 각 호 외의 부분, 같은 조 제2항, 같은 조 제3항 본문, 같은 조 제4항 · 제5항, 제16조제1항 전단, 같은 조 제4항, 제17조제1항 각 호 외의 부분 본문, 제17조의2, 제18조, 제19조제1항 · 제2항, 같은 조 제3항 전단, 같은 조 제4항 본문, 제20조제1항, 제22조제1항, 제25조제2항 및 제26조제1항부터 제6항까지 중 “국민안전처장관”을 각각 “소방청장”으로 한다.

제7조제1항 각 호 외의 부분, 제8조제4항, 제9조제1항 각 호 외의 부분 전단·후단, 같은 조 제2항, 같은 조 제3항 각 호 외의 부분, 같은 조 제4항·제5항, 제10조의2제2항, 제12조제2항, 제13조제2항·제3항, 제13조의3제2항, 같은 조 제4항 각 호 외의 부분, 제13조의5제2항 전단, 제13조의6제3호, 제16조제1항 전단, 같은 조 제3항제3호, 같은 조 제5항, 제17조제1항제7호, 같은 조 제3항, 제21조제3항·제4항 및 제22조제3항·제4항 중 "총리령"을 각각 "행정안전부령"으로 한다.

〈255〉부터 〈382〉까지 생략

제6조 생략

부칙 〈제15299호, 2017. 12. 26.〉

제1조(시행일) 이 법은 공포한 날부터 시행한다.

제2조(종전에 안전시설등의 설치신고 등을 한 다중이용업주에 관한 경과조치) 이 법 시행 당시 종전의 규정에 따라 안전시설등의 설치신고 또는 영업장 내부구조 변경신고를 한 다중이용업주는 이 법 시행일부터 2년 이내에 제9조의2의 개정규정에 따른 추락 등의 방지를 위한 장치를 비상구에 갖추어야 한다.

부칙 〈제15809호, 2018. 10. 16.〉

이 법은 공포 후 6개월이 경과한 날부터 시행한다.

부칙 〈제17091호, 2020. 3. 24.〉 (지방행정제재·부과금의

징수 등에 관한 법률)

제1조(시행일) 이 법은 공포한 날부터 시행한다. 다만, 다음 각 호의 개정규정은 각 호의 구분에 따른 날부터 시행한다.

1. 부칙 제4조제24항: 2020년 4월 3일

2.부터 4.까지 생략

제2조 및 제3조 생략

제4조(다른 법률의 개정) ①부터 ㉓까지 생략

㉔ 다중이용업소의 안전관리에 관한 특별법 일부를 다음과 같이 개정한다.

제26조제6항 중 "「지방세외수입금의 징수 등에 관한 법률」"을 "「지방행정제재·부과금의 징수 등에 관한 법률」"로 한다.

㉕부터 <102>까지 생략

제5조 생략

부칙 〈제17369호, 2020. 6. 9.〉

이 법은 공포 후 6개월이 경과한 날부터 시행한다.

부칙 〈제17833호, 2021. 1. 5.〉

이 법은 공포 후 6개월이 경과한 날부터 시행한다.

부칙 〈제17894호, 2021. 1. 12.〉 (피후견인 결격조항 정비를 위한 경비업법 등 10개 법률의 일부개정에 관한 법률)

이 법은 공포한 날부터 시행한다. 다만, 다음 각 호의 사항은 공포 후 6개월이 경과한 날부터 시행한다.

1. 생략

2. 제4조 중 「다중이용업소의 안전관리에 관한 특별법」 제16조제2항제3호부터 제6호까지 및 제17조제1항제1호 단서의 개정규정

부칙 〈제18522호, 2021. 11. 30.〉 (소방시설 설치 및 관리에 관한 법률)

제1조(시행일) 이 법은 공포 후 1년이 경과한 날부터 시행한다. 〈단서 생략〉

제2조 부터 제13조까지 생략

제14조(다른 법률의 개정) ①부터 ⑬까지 생략

⑭ 다중이용업소의 안전관리에 관한 특별법 일부를 다음과 같이 개정한다.

제2조제2항 중 "「화재예방, 소방시설 설치ㆍ유지 및 안전관리에 관한 법률」"을 "「화재의 예방 및 안전관리에 관한 법률」, 「소방시설 설치 및 관리에 관한 법률」"로 한다.

제10조제2항 중 "「화재예방, 소방시설 설치ㆍ유지 및 안전관리에 관한 법률」 제12조"를 「소방시설 설치 및 관리에 관한 법률」 제20조"로 한다.

제11조 중 "「화재예방, 소방시설 설치ㆍ유지 및 안전관리에 관한 법률」 제10조"를 「소방시설 설치 및 관리에 관한 법률」 제16조"로 한다.

제13조제2항 중 "「화재예방, 소방시설 설치ㆍ유지 및 안전관리에

관한 법률」"을 「소방시설 설치 및 관리에 관한 법률」"로 한다.

제16조제2항제5호 중 "「화재예방, 소방시설 설치·유지 및 안전관리에 관한 법률」"을 "「화재의 예방 및 안전관리에 관한 법률」, 「소방시설 설치 및 관리에 관한 법률」"로 한다.

⑮부터 〈54〉까지 생략

제15조 생략

부칙 〈제18523호, 2021. 11. 30.〉 (화재의 예방 및 안전관리에 관한 법률)

제1조(시행일) 이 법은 공포 후 1년이 경과한 날부터 시행한다.

제2조 부터 제13조까지 생략

제14조(다른 법률의 개정) ① 및 ② 생략

③ 다중이용업소의 안전관리에 관한 특별법 일부를 다음과 같이 개정한다.

제8조제1항제1호 중 "「화재예방, 소방시설 설치·유지 및 안전관리에 관한 법률」 제41조"를 "「화재의 예방 및 안전관리에 관한 법률」 제34조"로 한다.

제14조 중 "「화재예방, 소방시설 설치·유지 및 안전관리에 관한 법률」 제20조제6항제3호 및 제5호부터 제7호까지의 규정에"를 "「화재의 예방 및 안전관리에 관한 법률」 제24조제5항제3호·제4호·제6호 및 제9호에"로 한다.

제15조제2항 중 "「화재예방, 소방시설 설치·유지 및 안전관리에 관한 법률」 제5조"를 "「화재의 예방 및 안전관리에 관한 법률」 제

14조"로 한다.

제20조의2제1항 각 호 외의 부분 중 "「화재예방, 소방시설 설치·유지 및 안전관리에 관한 법률」 제4조에 따라 소방특별조사"를 "「화재의 예방 및 안전관리에 관한 법률」 제7조에 따라 화재안전조사"로 한다.

제21조제3항 중 "「화재예방, 소방시설 설치·유지 및 안전관리에 관한 법률」 제4조에 따른 소방특별조사"를 "「화재의 예방 및 안전관리에 관한 법률」 제7조에 따른 화재안전조사"로 한다.

④부터 ⑧까지 생략

제15조 생략

부칙 〈제19157호, 2023. 1. 3.〉

제1조(시행일) 이 법은 공포 후 1년이 경과한 날부터 시행한다. 다만, 제5조제4항 및 제20조의2의 개정규정은 공포한 날부터 시행한다.

제2조(소방안전교육 등의 면제에 관한 적용례) 제15조제5항의 개정규정은 이 법 시행 이후 실시하는 화재위험평가부터 적용한다.

다중이용업소의 안전관리에 관한 특별법 시행령
(약칭 : 다중이용업소법 시행령)

[시행 2024. 4. 23.] [대통령령 제34449호, 2024. 4. 23., 타법개정]

**개정 예정 법률 밑줄 별도 표시.

다중이용업소의 안전관리에 관한 특별법 시행령

(약칭 : 다중이용업소법 시행령)

[시행 2024. 4. 23.] [대통령령 제34449호, 2024. 4. 23., 타법개정]

제1조(목적) 이 영은 「다중이용업소의 안전관리에 관한 특별법」에서 위임된 사항과 그 시행에 필요한 사항을 규정함을 목적으로 한다.

제2조(다중이용업) 「다중이용업소의 안전관리에 관한 특별법」(이하 "법"이라 한다) 제2조제1항제1호에서 "대통령령으로 정하는 영업"이란 다음 각 호의 영업을 말한다. 다만, 영업을 옥외 시설 또는 옥외 장소에서 하는 경우 그 영업은 제외한다. 〈개정 2008. 12. 24., 2009. 7. 1., 2009. 8. 6., 2010. 8. 11., 2012. 1. 31., 2013. 3. 23., 2013. 11. 20., 2014. 11. 19., 2014. 12. 23., 2016. 1. 19., 2017. 7. 26., 2018. 7. 10., 2021. 3. 2., 2021. 12. 30., 2022. 3. 15., 2022. 11. 29., 2023. 12. 12.〉

1. 「식품위생법 시행령」 제21조제8호에 따른 식품접객업 중 다음 각 목의 어느 하나에 해당하는 것

가. 휴게음식점영업 · 제과점영업 또는 일반음식점영업으로서 영업장으로 사용하는 바닥면적(「건축법 시행령」 제119조제1항제3호에

따라 산정한 면적을 말한다. 이하 같다)의 합계가 100제곱미터(영업장이 지하층에 설치된 경우에는 그 영업장의 바닥면적 합계가 66제곱미터) 이상인 것. 다만, 영업장(내부계단으로 연결된 복층구조의 영업장을 제외한다)이 다음의 어느 하나에 해당하는 층에 설치되고 그 영업장의 주된 출입구가 건축물 외부의 지면과 직접 연결되는 곳에서 하는 영업을 제외한다.

1) 지상 1층

2) 지상과 직접 접하는 층

나. 단란주점영업과 유흥주점영업

1의2. 「식품위생법 시행령」 제21조제9호에 따른 공유주방 운영업 중 휴게음식점영업·제과점영업 또는 일반음식점영업에 사용되는 공유주방을 운영하는 영업으로서 영업장 바닥면적의 합계가 100제곱미터(영업장이 지하층에 설치된 경우에는 그 바닥면적 합계가 66제곱미터) 이상인 것. 다만, 영업장(내부계단으로 연결된 복층구조의 영업장은 제외한다)이 다음 각 목의 어느 하나에 해당하는 층에 설치되고 그 영업장의 주된 출입구가 건축물 외부의 지면과 직접 연결되는 곳에서 하는 영업은 제외한다.

가. 지상 1층

나. 지상과 직접 접하는 층

2. 「영화 및 비디오물의 진흥에 관한 법률」 제2조제10호, 같은 조 제16호가목·나목 및 라목에 따른 영화상영관·비디오물감상실업·비디오물소극장업 및 복합영상물제공업

3. 「학원의 설립·운영 및 과외교습에 관한 법률」 제2조제1호에

따른 학원(이하 "학원"이라 한다)으로서 다음 각 목의 어느 하나에 해당하는 것

가. 「소방시설 설치 및 관리에 관한 법률 시행령」 별표 7에 따라 산정된 수용인원(이하 "수용인원"이라 한다)이 300명 이상인 것

나. 수용인원 100명 이상 300명 미만으로서 다음의 어느 하나에 해당하는 것. 다만, 학원으로 사용하는 부분과 다른 용도로 사용하는 부분(학원의 운영권자를 달리하는 학원과 학원을 포함한다)이 「건축법 시행령」 제46조에 따른 방화구획으로 나누어진 경우는 제외한다.

(1) 하나의 건축물에 학원과 기숙사가 함께 있는 학원

(2) 하나의 건축물에 학원이 둘 이상 있는 경우로서 학원의 수용인원이 300명 이상인 학원

(3) 하나의 건축물에 제1호, 제2호, 제4호부터 제7호까지, 제7호의2부터 제7호의5까지 및 제8호의 다중이용업 중 어느 하나 이상의 다중이용업과 학원이 함께 있는 경우

4. 목욕장업으로서 다음 각 목에 해당하는 것

가. 하나의 영업장에서 「공중위생관리법」 제2조제1항제3호가목에 따른 목욕장업 중 맥반석·황토·옥 등을 직접 또는 간접 가열하여 발생하는 열기나 원적외선 등을 이용하여 땀을 배출하게 할 수 있는 시설 및 설비를 갖춘 것으로서 수용인원(물로 목욕을 할 수 있는 시설부분의 수용인원은 제외한다)이 100명 이상인 것

나. 「공중위생관리법」 제2조제1항제3호나목의 시설 및 설비를 갖춘 목욕장업

5. 「게임산업진흥에 관한 법률」 제2조제6호ㆍ제6호의2ㆍ제7호 및 제8호의 게임제공업ㆍ인터넷컴퓨터게임시설제공업 및 복합유통게임제공업. 다만, 게임제공업 및 인터넷컴퓨터게임시설제공업의 경우에는 영업장(내부계단으로 연결된 복층구조의 영업장은 제외한다)이 다음 각 목의 어느 하나에 해당하는 층에 설치되고 그 영업장의 주된 출입구가 건축물 외부의 지면과 직접 연결된 구조에 해당하는 경우는 제외한다.

가. 지상 1층

나. 지상과 직접 접하는 층

6. 「음악산업진흥에 관한 법률」 제2조제13호에 따른 노래연습장업

7. 「모자보건법」 제2조제10호에 따른 산후조리업

7의2. 고시원업[구획된 실(室) 안에 학습자가 공부할 수 있는 시설을 갖추고 숙박 또는 숙식을 제공하는 형태의 영업]

7의3. 「사격 및 사격장 안전관리에 관한 법률 시행령」 제2조제1항 및 별표 1에 따른 권총사격장(실내사격장에 한정하며, 같은 조 제1항에 따른 종합사격장에 설치된 경우를 포함한다)

7의4. 「체육시설의 설치ㆍ이용에 관한 법률」 제10조제1항제2호에 따른 가상체험 체육시설업(실내에 1개 이상의 별도의 구획된 실을 만들어 골프 종목의 운동이 가능한 시설을 경영하는 영업으로 한정한다)

7의5. 「의료법」 제82조제4항에 따른 안마시술소

8. 법 제15조제2항에 따른 화재안전등급(이하 “화재안전등급”이라 한다)이 제11조제1항에 해당하거나 화재발생시 인명피해가 발생할

우려가 높은 불특정다수인이 출입하는 영업으로서 행정안전부령으로 정하는 영업. 이 경우 소방청장은 관계 중앙행정기관의 장과 미리 협의하여야 한다.

제2조의2(안전시설등) 법 제2조제1항제2호에서 "대통령령으로 정하는 것"이란 별표 1의 시설을 말한다.

[본조신설 2014. 12. 23.]

제3조(실내장식물) 법 제2조제1항제3호에서 "대통령령으로 정하는 것"이란 건축물 내부의 천장이나 벽에 붙이는(설치하는) 것으로서 다음 각 호의 어느 하나에 해당하는 것을 말한다. 다만, 가구류(옷장, 찬장, 식탁, 식탁용 의자, 사무용 책상, 사무용 의자 및 계산대, 그 밖에 이와 비슷한 것을 말한다)와 너비 10센티미터 이하인 반자돌림대 등과 「건축법」 제52조에 따른 내부마감재료는 제외한다. 〈개정 2008. 10. 29., 2014. 12. 23., 2018. 7. 10.〉

1. 종이류(두께 2밀리미터 이상인 것을 말한다)·합성수지류 또는 섬유류를 주원료로 한 물품

2. 합판이나 목재

3. 공간을 구획하기 위하여 설치하는 간이 칸막이(접이식 등 이동 가능한 벽체나 천장 또는 반자가 실내에 접하는 부분까지 구획하지 아니하는 벽체를 말한다)

4. 흡음(吸音)이나 방음(防音)을 위하여 설치하는 흡음재(흡음용 커튼을 포함한다) 또는 방음재(방음용 커튼을 포함한다)

제3조의2(밀폐구조의 영업장) 법 제2조제1항제5호에서 "대통령령으로 정하는 기준"이란 「소방시설 설치 및 관리에 관한 법률 시행령」

제2조제1호 각 목에 따른 요건을 모두 갖춘 개구부의 면적의 합계가 영업장으로 사용하는 바닥면적의 30분의 1 이하가 되는 것을 말한다. 〈개정 2016. 1. 19., 2018. 7. 10., 2022. 11. 29., 2023. 12. 12.〉

[본조신설 2014. 12. 23.]

제4조(안전관리기본계획의 수립절차 등) ①소방청장은 법 제5조제1항에 따라 다중이용업소의 안전관리기본계획(이하 "기본계획"이라 한다)을 관계 중앙행정기관의 장과 협의를 거쳐 5년마다 수립해야 한다. 〈개정 2014. 11. 19., 2017. 7. 26.〉

②소방청장은 관계 중앙행정기관의 장과 협의를 거쳐 기본계획 수립지침을 작성하고 이를 관계 중앙행정기관의 장에게 통보해야 한다. 〈개정 2014. 11. 19., 2017. 7. 26.〉

③소방청장은 기본계획을 수립하면 국무총리에게 보고하고 관계 중앙행정기관의 장과 특별시장 · 광역시장 · 특별자치시장 · 도지사 또는 특별자치도지사(이하 "시 · 도지사"라 한다)에게 통보한 후 이를 공고해야 한다. 〈개정 2014. 11. 19., 2017. 7. 26., 2023. 12. 12.〉

제5조(안전관리기본계획 수립지침) 제4조제2항에 따른 기본계획 수립지침에는 다음 각 호의 내용을 포함시켜야 한다.

1. 화재 등 재난 발생 경감대책

가. 화재피해 원인조사 및 분석

나. 안전관리정보의 전달 · 관리체계 구축

다. 화재 등 재난 발생에 대비한 교육 · 훈련과 예방에 관한 홍보

2. 화재 등 재난 발생을 줄이기 위한 중·장기 대책

가. 다중이용업소 안전시설 등의 관리 및 유지계획

나. 소관법령 및 관련기준의 정비

제6조(안전관리기본계획 등에 관한 사항) 법 제5조제2항제7호에 따른 “대통령령이 정하는 사항”이란 다음 각 호의 사항을 말한다.

1. 안전관리 중·장기 기본계획에 관한 사항

가. 다중이용업소의 안전관리체제

나. 안전관리실태평가 및 개선계획

2. 시·도 안전관리기본계획에 관한 사항

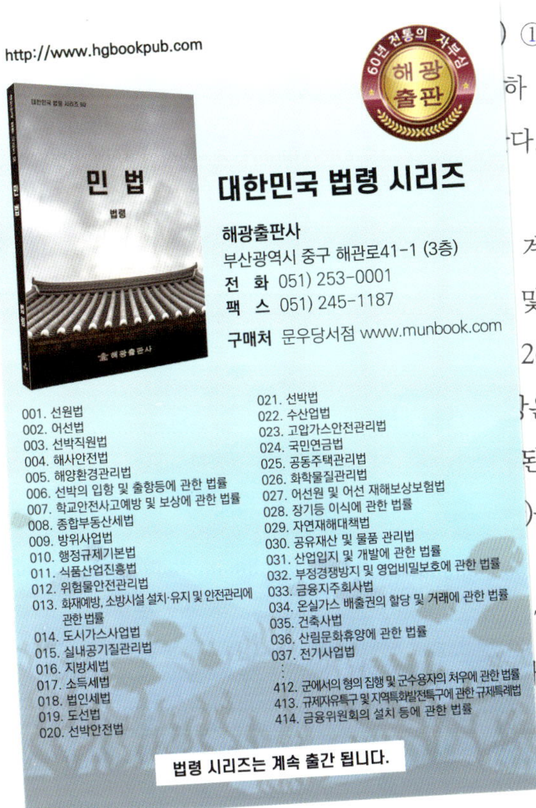

) ①소방청장은 법 제5조제3항

하 “연도별 계획”이라 한다)을

다. 〈개정 2014. 11. 19.,

계획을 수립하면 지체 없이

및 소방본부장에게 통보해야

26.〉

은 제4조제3항에 따라 공고

된 연도별 계획에 따라 안전

)을 수립해야 하며, 수립된

31일까지 소방청장에게 제

7. 7. 26.〉

관할지역의 다중이용업소

각 호의 사항을 포함시켜

야 한다.

1. 다중이용업소 밀집 지역의 소방시설 설치, 유지·관리와 개선 계획

2. 다중이용업주와 종업원에 대한 소방안전교육·훈련계획

3. 다중이용업주와 종업원에 대한 자체지도 계획

4. 법 제15조제1항 각 호의 어느 하나에 해당하는 다중이용업소의 화재위험평가의 실시 및 평가

5. 제4호에 따른 평가결과에 따른 조치계획(화재위험지역이나 건축물에 대한 안전관리와 시설정비 등에 관한 사항을 포함한다)

③법 제6조제3항에 따른 집행계획의 수립시기는 해당 연도 전년 12월 31일까지로 하며, 그 수립대상은 제2조의 다중이용업으로 한다.

제9조(안전시설등) 법 제9조제1항에 따라 다중이용업소의 영업장에 설치·유지해야 하는 안전시설등 및 간이스프링클러설비를 설치해야 하는 영업장은 별표 1의2와 같다. 〈개정 2014. 12. 23., 2020. 12. 1.〉

[전문개정 2012. 12. 27.]

제9조의2(간이스프링클러설비 설치의 지원) ① 법 제9조제6항에 따른 간이스프링클러설비 설치 비용을 지원받으려는 다중이용업주는 해당 다중이용업소의 소재지를 관할하는 소방서장에게 비용 지원을 신청해야 한다.

② 제1항에 따라 신청을 받은 소방서장은 소방본부장에게 신청 내용의 검토를 요청하고, 검토 요청을 받은 소방본부장은 해당 다중이용업소의 영업장이 지원 대상에 해당하는지 등을 검토하여 그 결

과를 소방서장에게 통보해야 한다.

③ 제1항 및 제2항에서 규정한 사항 외에 간이스프링클러설비 설치 비용의 지원 기준·방법 및 절차 등에 관하여 필요한 사항은 소방청장이 정하여 고시한다.

[본조신설 2020. 12. 1.]

[종전 제9조의2는 제9조의3으로 이동 〈2020. 12. 1.〉]

제9조의3(화재배상책임보험의 보험금액) ① 법 제13조의2제1항에 따라 다중이용업주 및 다중이용업을 하려는 자가 가입하여야 하는 화재배상책임보험은 다음 각 호의 기준을 충족하는 것이어야 한다. 〈개정 2019. 4. 2.〉

1. 사망의 경우: 피해자 1명당 1억5천만원의 범위에서 피해자에게 발생한 손해액을 지급할 것. 다만, 그 손해액이 2천만원 미만인 경우에는 2천만원으로 한다.

2. 부상의 경우: 피해자 1명당 별표 2에서 정하는 금액의 범위에서 피해자에게 발생한 손해액을 지급할 것

3. 부상에 대한 치료를 마친 후 더 이상의 치료효과를 기대할 수 없고 그 증상이 고정된 상태에서 그 부상이 원인이 되어 신체의 장애(이하 "후유장애"라 한다)가 생긴 경우: 피해자 1명당 별표 3에서 정하는 금액의 범위에서 피해자에게 발생한 손해액을 지급할 것

4. 재산상 손해의 경우: 사고 1건당 10억원의 범위에서 피해자에게 발생한 손해액을 지급할 것

② 제1항에 따른 화재배상책임보험은 하나의 사고로 제1항제1호부터 제3호까지 중 둘 이상에 해당하게 된 경우 다음 각 호의 기준

을 충족하는 것이어야 한다.

1. 부상당한 사람이 치료 중 그 부상이 원인이 되어 사망한 경우: 피해자 1명당 제1항제1호에 따른 금액과 제1항제2호에 따른 금액을 더한 금액을 지급할 것

2. 부상당한 사람에게 후유장애가 생긴 경우: 피해자 1명당 제1항제2호에 따른 금액과 제1항제3호에 따른 금액을 더한 금액을 지급할 것

3. 제1항제3호에 따른 금액을 지급한 후 그 부상이 원인이 되어 사망한 경우: 피해자 1명당 제1항제1호에 따른 금액에서 제1항제3호에 따른 금액 중 사망한 날 이후에 해당하는 손해액을 뺀 금액을 지급할 것

[본조신설 2012. 12. 27.]

[제9조의2에서 이동, 종전 제9조의3은 제9조의4로 이동 〈2020. 12. 1.〉]

제9조의4(화재배상책임보험의 보험요율 차등 적용 등) ① 법 제13조의2제4항에서 "다중이용업소의 업종 및 면적 등 대통령령으로 정하는 사항"이란 다음 각 호의 사항을 말한다. 〈개정 2022. 3. 15.〉

1. 해당 다중이용업소가 속한 업종의 화재발생빈도

2. 해당 다중이용업소의 영업장 면적

3. 법 제15조제1항에 따른 화재위험평가 결과

4. 법 제20조제1항에 따라 공개된 법령위반업소에 해당하는지 여부

5. 법 제21조제1항에 따라 공표된 안전관리우수업소에 해당하는

지 여부

② 소방청장은 법 제13조의2제3항에 따라 보험회사가 보험요율을 차등 적용하는 데 활용할 수 있도록 다음 각 호의 자료를 매년 1월 31일까지 「보험업법」 제176조에 따른 보험요율 산출기관에 제공해야 한다. 〈개정 2017. 7. 26., 2022. 3. 15.〉

1. 법 제15조제1항에 따른 화재위험평가 결과
2. 법 제20조제1항에 따른 법령위반업소 현황
3. 법 제21조제1항에 따른 안전관리우수업소 현황

[본조신설 2016. 7. 26.]

[제9조의3에서 이동, 종전 제9조의4는 제9조의5로 이동 〈2020. 12. 1.〉]

제9조의5(화재배상책임보험 계약의 체결 거부) 법 제13조의5제1항 단서에서 "대통령령으로 정하는 경우"란 다중이용업주가 화재배상책임보험 청약 당시 보험회사가 요청한 안전시설등의 유지·관리에 관한 사항 등 화재 발생 위험에 관한 중요한 사항을 알리지 아니하거나 거짓으로 알린 경우를 말한다.

[본조신설 2012. 12. 27.]

[제9조의4에서 이동 〈2020. 12. 1.〉]

제9조의6(다중이용업주의 안전사고 보고대상 등) ① 법 제14조의2제1항제4호에서 "대통령령으로 정하는 사고"란 법 제9조제1항에 따라 설치·유지하는 안전시설등 중 행정안전부령으로 정하는 비상구에서 사람이 추락한 사고를 말한다.

② 다중이용업주가 법 제14조의2제1항에 따라 안전사고 발생 사

실을 보고하는 경우에는 사고 개요 및 피해 상황을 전화·팩스 또는 정보통신망 등으로 보고하는 방법으로 한다.

[본조신설 2021. 7. 6.]

제10조(화재위험평가의 대상기준) 법 제15조제1항제1호에 따른 화재위험평가대상은 도로로 둘러싸인 일단(一團)의 지역의 중심지점을 기준으로 한다.

제11조(화재안전등급) ① 법 제15조제2항에서 "대통령령으로 정하는 기준 미만인 경우"란 별표 4의 디(D) 등급 또는 이(E) 등급인 경우를 말한다. 〈개정 2012. 12. 27., 2023. 12. 12.〉

②제1항에 따른 화재안전등급의 산정기준·방법 등은 소방청장이 정하여 고시한다. 〈개정 2014. 11. 19., 2017. 7. 26., 2023. 12. 12.〉

[제목개정 2023. 12. 12.]

제12조(손실보상) ①법 제15조제3항에 따라 소방청장·소방본부장 또는 소방서장이 손실을 보상하는 경우에는 법 제15조제2항에 따른 명령으로 인하여 생긴 손실을 시가로 보상해야 한다. 〈개정 2014. 11. 19., 2017. 7. 26.〉

②제1항에 따른 손실보상에 관하여는 소방청장·소방본부장 또는 소방서장과 손실을 입은 자가 협의해야 한다. 〈개정 2014. 11. 19., 2017. 7. 26.〉

③제2항에 따른 보상금액에 관한 협의가 성립되지 아니한 경우에는 소방청장·소방본부장 또는 소방서장은 그 보상금액을 지급하여야 한다. 다만, 보상금액의 수령을 거부하거나 수령할 자가 불분명

한 경우에는 그 보상금액을 공탁하고 이 사실을 통지하여야 한다. 〈개정 2014. 11. 19., 2017. 7. 26.〉

④제3항에 따른 보상금의 지급 또는 공탁의 통지에 불복하는 자는 지급 또는 공탁의 통지를 받은 날부터 30일 이내에 행정안전부령으로 정하는 바에 따라 「공익사업을 위한 토지 등의 취득 및 보상에 관한 법률」 제49조에 따른 중앙토지수용위원회에 재결(裁決)을 신청할 수 있다. 〈개정 2008. 12. 24., 2013. 3. 23., 2014. 11. 19., 2017. 7. 26.〉

⑤제1항에 따른 손실보상의 범위, 협의절차, 방법 등에 관하여 필요한 사항은 「공익사업을 위한 토지 등의 취득 및 보상에 관한 법률」이 정하는 바에 따른다.

제13조(안전시설등의 설치 일부 면제 등) 법 제15조제4항 및 제5항에서 "대통령령으로 정하는 기준 이상인 다중이용업소"란 각각 별표 4의 에이(A) 등급인 다중이용업소를 말한다. 〈개정 2023. 12. 12.〉

[전문개정 2012. 12. 27.]

[제목개정 2023. 12. 12.]

제14조(화재위험평가 대행자의 등록요건) 법 제15조제6항에 따라 화재위험평가를 대행하려는 자는 법 제16조제1항에 따라 별표 5에서 정하는 기술인력ㆍ시설 및 장비를 갖추고 화재위험평가 대행자(이하 "평가대행자"라 한다)로 등록해야 한다. 〈개정 2023. 12. 12.〉

[전문개정 2021. 7. 6.]

제15조(평가대행자의 등록사항 변경신청) ①법 제16조제1항 후단에서 "대통령령으로 정하는 중요 사항"이라 함은 다음 각 호의 사항을

말한다. 〈개정 2023. 12. 12.〉

1. 대표자

2. 사무소의 소재지

3. 평가대행자의 명칭이나 상호

4. 기술인력의 보유현황

②평가대행자는 제1항 각 호의 어느 하나에 해당하는 변경사유가 발생하면 변경사유가 발생한 날부터 30일 이내에 행정안전부령으로 정하는 서류를 첨부하여 행정안전부령으로 정하는 바에 따라 소방청장에게 변경등록을 해야 한다. 〈개정 2008. 12. 24., 2013. 3. 23., 2014. 11. 19., 2017. 7. 26.〉

[제목개정 2021. 7. 6.]

제15조의2(평가대행자의 결격사유) 법 제16조제2항제3호에서 "심신상실자, 알코올 중독자 등 대통령령으로 정하는 정신적 제약이 있는 자"란 다음 각 호의 사람을 말한다.

1. 심신상실자

2. 알코올·마약·대마 또는 향정신성의약품 관련 장애로 평가대행자의 업무를 정상적으로 수행할 수 없다고 해당 분야의 전문의가 인정하는 사람

3. 「치매관리법」 제2조제1호에 따른 치매, 조현병·조현정동장애·양극성 정동장애(조울병)·재발성 우울장애 등의 정신질환이나 정신 발육지연, 뇌전증으로 평가대행자의 업무를 정상적으로 수행할 수 없다고 해당 분야의 전문의가 인정하는 사람

[본조신설 2021. 7. 6.]

제16조(평가대행자의 등록 등의 공고) 소방청장은 다음 각 호의 어느 하나에 해당하는 경우에는 이를 소방청 인터넷 홈페이지 등에 공고해야 한다. 〈개정 2014. 11. 19., 2017. 7. 26.〉

1. 평가대행자로 등록한 경우
2. 법 제16조제4항에 따른 업무의 폐지신고를 받은 경우
3. 법 제17조제1항에 따라 등록을 취소한 경우

[제목개정 2021. 7. 6.]

제17조(조치명령 미이행업소 공개사항의 제한) 법 제20조제1항에 따른 조치명령 미이행업소의 공개가 제3자의 법익을 침해하는 경우에는 제3자와 관련된 사실을 공개하여서는 아니 된다.

제18조(조치명령 미이행업소의 공개사항 등) ①법 제20조제1항에 따라 소방청장·소방본부장 또는 소방서장이 조치명령 미이행업소를 공개하려면 공개내용과 공개방법 등을 그 업소의 관계인(영업주와 소속 종업원을 말한다)에게 미리 알려야 한다. 〈개정 2014. 11. 19., 2017. 7. 26.〉

②법 제20조제1항에 따라 조치명령 미이행업소를 공개할 때에는 다음 각 호의 사항을 포함해야 하며, 공개기간은 그 업소가 조치명령을 이행하지 아니한 때부터 조치명령을 이행할 때까지로 한다. 〈개정 2014. 11. 19., 2017. 7. 26.〉

1. 미이행업소명
2. 미이행업소의 주소
3. 소방청장·소방본부장 또는 소방서장이 조치한 내용
4. 미이행의 횟수

③소방청장ㆍ소방본부장 또는 소방서장은 제2항에 따른 사항을 다음 각 호의 2개 이상의 매체에 공개한다. 〈개정 2014. 11. 19., 2017. 7. 26.〉

1. 관보 또는 시ㆍ도의 공보

2. 소방청, 시ㆍ도 소방본부 또는 소방서의 인터넷 홈페이지

3. 중앙일간지 신문 또는 해당 지역 일간지 신문

4. 유선방송

5. 반상회보(班常會報)

6. 시ㆍ군ㆍ구청 소식지(시ㆍ군ㆍ구청에서 지역 주민들에게 무료로 배포하는 소식지를 말한다)

④소방청장, 소방본부장 또는 소방서장은 제3항제2호에 따라 소방청, 소방본부 또는 소방서의 인터넷 홈페이지에 공개한 경우로서 다중이용업주가 사후에 법 제9조제2항 또는 법 제15조제2항에 따른 조치명령을 이행한 경우에는 이를 확인한 날부터 2일 이내에 공개내용을 해당 인터넷 홈페이지에서 삭제해야 한다. 〈개정 2014. 11. 19., 2017. 7. 26.〉

제18조의2(화재안전조사 결과 공개사항 등) ① 법 제20조의2제1항 제4호에서 "대통령령으로 정하는 사항"이란 다음 각 호의 사항을 말한다.

1. 법 제8조에 따른 소방안전교육 이수 현황

2. 법 제13조제1항에 따른 안전시설등에 대한 정기점검 결과

3. 법 제13조의2에 따른 화재배상책임보험 가입 현황

② 법 제20조의2제1항에 따른 화재안전조사 결과의 공개는 해당

조사를 실시한 날부터 30일 이내에 소방청, 시·도 소방본부 또는 소방서의 인터넷 홈페이지에 60일 이내의 기간 동안 게시하는 방법으로 한다. 〈개정 2023. 12. 12.〉

③ 제2항에 따른 화재안전조사 결과의 공개가 제3자의 법익을 침해할 우려가 있는 경우에는 제3자와 관련된 사실을 공개해서는 안 된다. 〈개정 2023. 12. 12.〉

[본조신설 2021. 7. 6.]

[제목개정 2023. 12. 12.]

제19조(안전관리우수업소) 법 제21조제1항에 따른 안전관리우수업소(이하 "안전관리우수업소"라 한다)의 요건은 다음 각 호와 같다. 〈개정 2016. 1. 19., 2022. 11. 29.〉

1. 공표일 기준으로 최근 3년 동안 「소방시설 설치 및 관리에 관한 법률」 제16조제1항 각 호의 위반행위가 없을 것

2. 공표일 기준으로 최근 3년 동안 소방·건축·전기 및 가스 관련 법령 위반 사실이 없을 것

3. 공표일 기준으로 최근 3년 동안 화재 발생 사실이 없을 것

4. 자체계획을 수립하여 종업원의 소방교육 또는 소방훈련을 정기적으로 실시하고 공표일 기준으로 최근 3년 동안 그 기록을 보관하고 있을 것

제20조(안전관리우수업소의 공표절차 등) ①소방본부장이나 소방서장은 법 제21조제1항에 따라 안전관리우수업소를 인정하여 공표하려면 제19조 각 호의 내용을 제18조제3항제1호부터 제3호까지의 규정에서 정한 매체에 안전관리우수업소 인정 예정공고를 해야 한다.

②제1항의 공고에 따른 안전관리우수업소 인정 예정공고의 내용에 이의가 있는 사람은 안전관리우수업소 인정 예정공고일부터 20일 이내에 소방본부장이나 소방서장에게 전자우편이나 서면으로 이의신청을 할 수 있다.

③소방본부장이나 소방서장은 제2항에 따른 이의신청이 있으면 이에 대하여 조사ㆍ검토한 후, 그 결과를 이의신청을 한 당사자와 해당 다중이용업주에게 알려야 한다.

④소방본부장이나 소방서장은 법 제21조제1항에 따라 안전관리우수업소를 인정하여 공표하려는 경우에는 공표일부터 2년의 범위에서 안전관리우수업소표지 사용기간을 정하여 공표해야 한다.

제21조(안전관리우수업소의 표지 등) ①소방본부장이나 소방서장은 안전관리우수업소에 대하여 안전관리우수업소 표지를 내준 날부터 2년마다 정기적으로 심사를 하여 위반사항이 없는 경우에는 안전관리우수업소표지를 갱신하여 내줘야 한다.

②제1항에 따른 정기심사와 안전관리우수업소표지 갱신절차에 관하여 필요한 사항은 행정안전부령으로 정한다. 〈개정 2008. 12. 24., 2013. 3. 23., 2014. 11. 19., 2017. 7. 26.〉

제22조(다중이용업주의 신청에 의한 안전관리우수업소 공표 등) ①다중이용업주는 그 영업장이 제19조의 안전관리우수업소 요건에 해당되면 소방본부장이나 소방서장에게 안전관리우수업소로 인정해 줄 것을 신청할 수 있다.

②소방본부장이나 소방서장은 제1항에 따라 신청을 받은 다중이용업소를 안전관리우수업소로 인정하려면 제20조 및 제21조에 따라

해당 업소에 그 사실을 통보하고 공표해야 한다.

③제1항에 따른 안전관리우수업소의 공표 신청절차 등에 관하여 필요한 사항은 행정안전부령으로 정한다. 〈개정 2008. 12. 24., 2013. 3. 23., 2014. 11. 19., 2017. 7. 26.〉

제22조의2(민감정보 및 고유식별정보의 처리) ① 소방청장, 소방본부장 또는 소방서장은 다음 각 호의 사무를 수행하기 위하여 불가피한 경우 「개인정보 보호법」 제23조에 따른 건강에 관한 정보(제6호부터 제8호까지의 사무로 한정한다), 같은 법 시행령 제19조제1호 또는 제4호에 따른 주민등록번호 또는 외국인등록번호가 포함된 자료를 처리할 수 있다. 〈개정 2014. 11. 19., 2017. 7. 26., 2021. 7. 6., 2024. 4. 23.〉

1. 법 제7조에 따른 관련 행정기관의 통보사항 처리에 관한 사무
2. 법 제8조에 따른 소방안전교육에 관한 사무
3. 법 제9조에 따른 다중이용업소의 안전관리기준 등에 관한 사무
4. 법 제13조의3에 따른 화재배상책임보험 가입 촉진 및 관리에 관한 사무
5. 법 제15조에 따른 다중이용업소에 대한 화재위험평가 등에 관한 사무
6. 법 제16조에 따른 평가대행자의 등록 등에 관한 사무
7. 법 제17조에 따른 평가대행자의 등록취소 등에 관한 사무
8. 법 제17조의2에 따른 청문에 관한 사무
9. 법 제19조에 따른 안전관리에 관한 전산시스템의 구축·운영에 관한 사무

10. 법 제20조에 따른 법령위반업소의 공개에 관한 사무

11. 법 제21조에 따른 안전관리우수업소표지 등에 관한 사무

12. 법 제26조에 따른 이행강제금 부과 · 징수에 관한 사무

② 법 제7조제1항에 따른 허가관청은 같은 조에 따라 다중이용업주의 성명 및 주소 등을 소방본부장 또는 소방서장에게 통보하기 위하여 불가피한 경우 「개인정보 보호법 시행령」 제19조제1호 또는 제4호에 따른 주민등록번호 또는 외국인등록번호가 포함된 자료를 처리할 수 있다.

③ 보험회사는 법 제13조의3제4항에 따라 화재배상책임보험 계약 체결 사항 등을 소방청장, 소방본부장 또는 소방서장에게 알리기 위하여 불가피한 경우 「개인정보 보호법 시행령」 제19조제1호 또는 제4호에 따른 주민등록번호 또는 외국인등록번호가 포함된 자료를 처리할 수 있다. 〈개정 2014. 11. 19., 2017. 7. 26.〉

④ 법 제7조제1항에 따른 허가관청, 보험회사 또는 보험 관련 단체는 법 제19조제3항에 따라 소방청장으로부터 요청받은 자료 또는 정보를 제공하기 위하여 불가피한 경우 「개인정보 보호법 시행령」 제19조제1호 또는 제4호에 따른 주민등록번호 또는 외국인등록번호가 포함된 자료를 처리할 수 있다. 〈개정 2014. 11. 19., 2017. 7. 26.〉

[본조신설 2012. 12. 27.]

[제목개정 2021. 7. 6.]

제22조의3(규제의 재검토) 소방청장은 다음 각 호의 사항에 대하여 다음 각 호의 기준일을 기준으로 3년마다(매 3년이 되는 해의 기준일과 같은 날 전까지를 말한다) 그 타당성을 검토하여 개선 등의 조

치를 해야 한다. 〈개정 2017. 7. 26., 2021. 7. 6.〉

1. 제9조 및 별표 1의2에 따른 다중이용업소의 영업장에 설치·유지하여야 하는 안전시설등: 2017년 1월 1일

2. 제14조 및 별표 5에 따라 평가대행자가 갖추어야 할 기술인력·시설·장비 요건: 2017년 1월 1일

[전문개정 2016. 12. 30.]

제23조(과태료 부과기준) 법 제25조제1항에 따른 과태료의 부과기준은 별표 6과 같다. 〈개정 2012. 12. 27.〉

[전문개정 2008. 12. 24.]

제24조(이행강제금의 부과·징수) ①법 제26조제7항에 따른 이행강제금의 부과기준은 별표 7과 같다. 〈개정 2012. 12. 27.〉

②이행강제금의 부과·징수절차는 행정안전부령으로 정한다. 〈개정 2008. 12. 24., 2013. 3. 23., 2014. 11. 19., 2017. 7. 26.〉

부칙 〈제19954호, 2007. 3. 23.〉

제1조 (시행일) 이 영은 2007년 3월 25일부터 시행한다.

제2조 (영업장 내부 통로 및 창문 설치에 관한 적용례) 제9조제2호의 영업장 내부 통로 및 창문에 관한 사항은 2007년 3월 25일 이후 영업을 시작하거나 세무서에 사업자등록을 신청하는 영업부터 적용한다.

제3조 (다중이용업소의 안전시설등의 설치에 관한 경과조치) 대통령령제18404호 소방시설 설치유지 및 안전관리에 관한 법률 시행령중 개정령 시행 당시 영업허가 등을 받아 제2조에 따른 다중이용업을

하던 그 영업의 관계인은 2007년 5월 30일까지 안전시설등(제9조 제2호의 영업장 내부 통로 및 창문은 제외한다)을 설치해야 한다. 다만, 소방방재청장이 건축물의 구조상 비상구를 설치할 수 없다고 인정하여 고시하는 경우로서 다음 각 호의 어느 하나에 해당하는 시설을 설치한 경우에는 비상구를 설치한 것으로 본다.

1. 법 제10조제1항에 따라 실내장식물을 불연재료(부연재료)나 준불연재료로 설치해야 하는 다중이용업소가 그 실내장식물 면적(천장과 벽을 합한 면적을 말한다)의 10분의 9 이상을 불연재료나 준불연재료로 설치한 경우

2. 법 제9조제1항에 따라 행정자치부령으로 정하는 기준에 맞추어 간이스프링클러설비를 설치한 경우

제4조 (재건축·재개발 및 도시계획에 의한 수용지역에 있는 다중이용업에 대한 안전시설등의 설치에 관한 경과조치) 「도시 및 주거환경정비법」 제2조제2호 각 목에 따른 주거환경개선사업·주택재개발사업·주택재건축사업·도시환경정비사업의 수용지역에 있는 다중이용업소가 2007년 12월 31일까지 철거가 확정된 경우로서 구획된 실(室)이 있는 경우 각 실(室)마다 자동확산소화기 및 단독경보형감지기를 설치한 경우에는 부칙 제3조 본문에 불구하고 다음 각 호의 설비 등의 설치를 철거 시까지 유예할 수 있다.

1. 비상구

2. 간이스프링클러설비

3. 방염물품(방염물품)에 대한 방염 처리

제5조 (다른 법령의 개정) ①건축법 시행령 일부를 다음과 같이 개

정한다.

제61조제6호중 “「소방시설설치유지 및 안전관리에 관한 법률 시행령」 제13조”를 “「다중이용업소의 안전관리에 관한 특별법 시행령」 제2조”로 하고, 제119조제1항제2호 단서중 “「소방시설 설치유지 및 안전관리에 관한 법률 시행령」 제14조”를 “「다중이용업소의 안전관리에 관한 특별법 시행령」 제9조”로 한다.

②다중이용시설 등의 실내공기질 관리법 시행령 일부를 다음과 같이 개정한다.

제2조제2항제5호 및 제6호를 각각 다음과 같이 한다.

5. 「다중이용업소의 안전관리에 관한 특별법 시행령」 제2조제4호나목에 따른 목욕장업 중 영업시설의 연면적이 1천 제곱미터 이상인 시설

6. 「다중이용업소의 안전관리에 관한 특별법 시행령」 제2조제7호에 따른 산후조리원업 중 영업시설의 연면적이 500제곱미터 이상인 시설

③소방시설 설치유지 및 안전관리에 관한 법률 시행령 일부를 다음과 같이 개정한다.

제2조제3호 · 제4호, 제4조, 제13조, 제14조 및 대통령령 제18404호 소방시설 설치유지 및 안전관리에 관한 법률 시행령중개정령 부칙 제2조를 각각 삭제하고, 제19조제3호중 “법 제8조제1항”을 “「다중이용업소의 안전관리에 관한 특별법」 제2조제1항제1호”로 한다.

④소방기본법 시행령 일부를 다음과 같이 개정한다.

별표 1 난로 내용란 제3호가목중 “「소방시설 설치유지 및 안전관

리에 관한 법률」 제8조"를 "「다중이용업소의 안전관리에 관한 특별법」 제2조제1항제1호"로 한다.

제6조 (다른 법령과의 관계) 이 영 시행 당시 다른 법령에서 「소방시설 설치유지 및 안전관리에 관한 법률 시행령」 또는 그 규정을 인용한 경우에 이 영 가운데 그에 해당하는 규정이 있으면 종전의 규정을 갈음하여 이 영 또는 이 영의 해당 규정을 인용한 것으로 본다.

부칙 〈제21098호, 2008. 10. 29.〉 (건축법 시행령)

제1조(시행일) 이 영은 공포한 날부터 시행한다. 〈단서 생략〉

제2조 및 제3조 생략

제4조(다른 법령의 개정) ① 부터 ⑤ 까지 생략

⑥ 다중이용업소의 안전관리에 관한 특별법 시행령 일부를 다음과 같이 개정한다.

제3조 각 호 외의 부분 단서에서 "「건축법」 제43조"를 "「건축법」 제52조"로 한다.

⑦ 부터 ㊳ 까지 생략

부칙 〈제21176호, 2008. 12. 24.〉

제1조(시행일) 이 영은 공포한 날부터 시행한다.

제2조(경과조치) 이 영 시행 전의 행위에 대하여 과태료를 적용할 때에는 종전의 규정에 따른다.

부칙 〈제21600호, 2009. 7. 1.〉

이 영은 2009년 7월 8일부터 시행한다.

부칙 〈제21676호, 2009. 8. 6.〉 (식품위생법 시행령)

제1조(시행일) 이 영은 2009년 8월 7일부터 시행한다. 〈단서 생략〉

제2조 및 제3조 생략

제4조(다른 법령의 개정) ① 및 ② 생략

③ 다중이용업소의 안전관리에 관한 특별법 시행령 일부를 다음과 같이 개정한다.

제2조제1호 각 목 외의 부분 중 "「식품위생법 시행령」 제7조제8호"를 "「식품위생법 시행령」 제21조제8호"로 한다.

④ 부터 ⑯ 까지 생략

제5조 생략

부칙 〈제22331호, 2010. 8. 11.〉

제1조(시행일) 이 영은 공포 후 3개월이 경과한 날부터 시행한다.

제2조(간이스프링클러설비 설치 대상 확대에 따른 적용례) 제9조제1항제1호가목 후단 및 같은 조 제2항 단서의 개정규정은 이 영 시행 후 영업을 개시하기 위하여 안전시설등의 설치를 신고하거나, 실내장식물을 설치·교체하거나 내부구조를 변경(영업장의 면적의 증감, 영업장의 구획된 실의 증감 또는 내부통로 구조의 변경을 말한다. 이하 같다)하는 영업장부터 적용한다. 다만, 이 영 시행 당시 권총사격장업을 하던 업주 또는 관계인에 대해서는 부칙 제3조제1항에

따른다.

제3조(안전시설등의 설치와 실내장식물 변경에 관한 경과조치) ① 이 영 시행 당시 제2조제7호의3에 따른 권총사격장을 하던 업주 또는 관계인은 2011년 3월 31일까지 제9조제1항에 따른 안전시설등을 설치하여야 하며, 법 제10조에 따라 실내장식물을 설치 또는 교체하여야 한다.

② 이 영 시행 당시 제2조제7호의4에 따른 골프 연습장 및 같은 조 제7호의5에 따른 안마시술소에 설치된 실내장식물은 법 제10조에 따라 적합하게 설치된 것으로 본다.

③ 이 영 시행 당시 제2조제7호의4에 따른 골프 연습장업 및 같은 조 제7호의5에 따른 안마시술소업을 하던 업주 또는 관계인은 이 영 시행일까지 제9조제1항에 따른 안전시설등을 설치하여야 한다. 다만, 제9조제1항제1호가목에 따른 간이스프링클러설비는 이 영 시행 후 최초로 실내장식물을 설치ㆍ교체하거나 내부구조를 변경하는 때에, 제9조제1항제1호라목에 따른 방화시설은 이 영 시행 후 최초로 내부구조를 변경하는 때에 설치할 수 있다.

④ 제1항 및 제3항에 불구하고 소방방재청장이 건축물의 구조상 제9조제1항제1호라목에 따른 비상구를 설치할 수 없다고 인정하여 고시하는 경우로서 다음 각 호의 어느 하나에 해당하는 시설을 설치하는 경우에는 비상구를 설치한 것으로 본다.

1. 법 제10조제1항에 따라 실내장식물을 불연재료 또는 준불연재료로 설치(천장과 벽을 합한 실내장식물의 면적이 10분의 9 이상인 경우에 한정한다)한 경우

2. 법 제9조제1항에 따라 행정안전부령으로 정하는 기준에 맞추어 간이스프링클러설비를 설치한 경우

부칙 〈제22724호, 2011. 3. 29.〉

제1조(시행일) 이 영은 공포한 날부터 시행한다.

제2조(과태료에 관한 경과조치) ① 이 영 시행 전의 위반행위에 대하여 과태료의 부과기준을 적용할 때에는 별표 3의 개정규정에도 불구하고 종전의 규정에 따른다.

② 이 영 시행 전의 위반행위로 받은 과태료 부과처분은 별표 3의 개정규정에 따른 위반행위 횟수 산정에 포함하지 아니한다.

부칙 〈제23570호, 2012. 1. 31.〉 (사격 및 사격장 안전관리에 관한 법률 시행령)

제1조(시행일) 이 영은 2012년 2월 5일부터 시행한다. 〈단서 생략〉

제2조 생략

제3조(다른 법령의 개정) ① 다중이용업소의 안전관리에 관한 특별법 시행령 일부를 다음과 같이 개정한다.

제2조제7호의3 중 "「사격 및 사격장 단속법 시행령」 제2조제1항"을 "「사격 및 사격장 안전관리에 관한 법률 시행령」 제2조제1항 및 별표 1"로, "옥내사격장"을 "실내사격장"으로, "같은 조 제2항"을 "같은 조 제1항"으로 한다.

② 및 ③ 생략

제4조 생략

부칙 〈제23571호, 2012. 1. 31.〉 (소방시설 설치ㆍ유지 및 안전관리에 관한 법률 시행령)

제1조(시행일) 이 영은 2012년 2월 5일부터 시행한다.

제2조 부터 제5조까지 생략

제6조(다른 법령의 개정) ① 다중이용업소의 안전관리에 관한 특별법 시행령 일부를 다음과 같이 개정한다.

별표 3 제2호사목의 위반행위란 중 "방화관리업무"를 "소방안전관리 업무"로 한다.

별표 4 제2호 2.의 위반행위란 가부터 다까지 외의 부분 중 "개수명령"을 "소방특별조사 조치명령"으로 한다.

②부터 ④까지 생략

제7조 생략

부칙 〈제24257호, 2012. 12. 27.〉

제1조(시행일) 이 영은 2013년 2월 23일부터 시행한다.

제2조(안전시설등의 설치에 관한 적용례) 제9조 및 별표 1의 개정규정은 이 영 시행 후 법 제9조제3항제1호 또는 제2호에 따라 안전시설등의 설치신고를 하거나 내부구조 변경신고를 하는 영업장부터 적용한다.

부칙 〈제24417호, 2013. 3. 23.〉 (소방방재청과 그 소속기관 직제)

제1조(시행일) 이 영은 공포한 날부터 시행한다. 〈단서 생략〉

제2조 생략

제3조(다른 법령의 개정) ① 및 ② 생략

③ 다중이용업소의 안전관리에 관한 특별법 시행령 일부를 다음과 같이 개정한다.

제2조제8호, 제12조제4항, 제15조제2항, 제21조제2항, 제22조제3항 및 제24조제2항 중 "행정안전부령"을 각각 "안전행정부령"으로 한다.

④부터 ㉓까지 생략

부칙 〈제24863호, 2013. 11. 20.〉

제1조(시행일) 이 영은 공포한 날부터 시행한다.

제2조(피난유도선 등 설치에 관한 적용례) 별표 1의 제1호다목2) 및 제3호나목의 개정규정은 이 영 시행 후 법 제9조제3항제1호 또는 제2호에 따라 안전시설등의 설치신고를 하거나 내부구조 변경신고를 하는 영업장부터 적용한다.

제3조(복합영상물제공업의 안전시설 등에 관한 경과조치) ① 제2조제2호의 개정규정에 따른 복합영상물제공업의 업소로서 이 영 시행 당시 법률 제11314호 영화 및 비디오물의 진흥에 관한 법률 일부개정법률 부칙 제4조에 따라 종전의 비디오물감상실업 및 복합유통게임제공업을 복합영상물제공업으로 변경하여 등록한 업소의 영업장에 종전의 규정에 따라 설치된 안전시설등과 실내장식물은 법 제9조제1항 및 제10조에 따라 적합하게 설치된 것으로 본다.

② 이 영 시행 당시 제2조제2호의 개정규정에 따른 복합영상물제공업을 하고 있는 자(법률 제11314호 영화 및 비디오물의 진흥에 관한 법률 일부개정법률 부칙 제4조에 따라 종전의 비디오물감상실업 및 복합유통게임제공업을 복합영상물제공업으로 변경하여 등록한 자는 제외한다)는 이 영 시행 후 3개월 이내에 법 제9조제1항 및 제10조에 따른 안전시설등과 실내장식물을 설치하여야 한다.

제4조(학원의 안전시설 등에 관한 경과조치) ① 하나의 건축물에 제2조제2호의 개정규정에 따른 복합영상물제공업의 업소(이 영 시행 당시 법률 제11314호 영화 및 비디오물의 진흥에 관한 법률 일부개정법률 부칙 제4조에 따라 종전의 비디오물감상실업 및 복합유통게임제공업을 복합영상물제공업으로 변경하여 등록한 업소를 말한다)와 학원이 함께 있는 경우로서 제2조제3호나목(3)에 해당하는 학원의 영업장에 종전의 규정에 따라 설치된 안전시설등과 실내장식물은 법 제9조제1항 및 제10조에 따라 적합하게 설치된 것으로 본다.

② 제2조제3호나목(3)에 해당하는 학원으로서 그 건축물에 제2조제2호의 개정규정에 따른 복합영상물제공업의 업소(법률 제11314호 영화 및 비디오물의 진흥에 관한 법률 일부개정법률 부칙 제4조에 따라 종전의 비디오물감상실업 및 복합유통게임제공업을 복합영상물제공업으로 변경하여 등록한 경우는 제외한다)가 함께 있는 경우 그 학원을 운영하는 자는 이 영 시행 후 3개월 이내에 법 제9조제1항 및 제10조에 따른 안전시설등과 실내장식물을 설치하여야 한다.

부칙 〈제25050호, 2013. 12. 30.〉 (행정규제기본법 개정에

따른 규제 재검토기한 설정을 위한 주택법 시행령 등 일부개정령)
이 영은 2014년 1월 1일부터 시행한다. 〈단서 생략〉

부칙 〈제25753호, 2014. 11. 19.〉 (국민안전처와 그 소속기관 직제)

제1조(시행일) 이 영은 공포한 날부터 시행한다. 다만, 부칙 제7조에 따라 개정되는 대통령령 중 이 영 시행 전에 공포되었으나 시행일이 도래하지 아니한 대통령령을 개정한 부분은 각각 해당 대통령령의 시행일부터 시행한다.

제2조 부터 제6조까지 생략

제7조(다른 법령의 개정) ① 및 ② 생략

③ 다중이용업소의 안전관리에 관한 특별법 시행령 일부를 다음과 같이 개정한다.

제2조제8호, 제4조제1항부터 제3항까지, 제7조제1항ㆍ제2항, 제8조제1항, 제11조제2항, 제12조제1항ㆍ제2항, 같은 조 제3항 본문, 제15조제2항, 제16조 각 호 외의 부분, 제18조제1항, 같은 조 제2항제3호, 같은 조 제3항 각 호 외의 부분, 같은 조 제4항, 제22조의2제1항 각 호 외의 부분, 같은 조 제3항ㆍ제4항 및 제22조의3 각 호 외의 부분 중 "소방방재청장"을 각각 "국민안전처장관"으로 한다.

제2조제8호, 제12조제4항, 제15조제2항, 제21조제2항, 제22조제3항 및 제24조제2항 중 "안전행정부령"을 각각 "총리령"으로 한다.

제16조 각 호 외의 부분, 제18조제3항제2호 및 같은 조 제4항

중 “소방방재청”을 각각 “국민안전처”로 한다.

④부터 ㉝까지 생략

부칙 〈제25886호, 2014. 12. 23.〉

이 영은 2015년 1월 8일부터 시행한다. 다만, 제22조의3의 개정규정은 2015년 1월 1일부터 시행한다.

부칙 〈제26688호, 2015. 11. 30.〉

제1조(시행일) 이 영은 2016년 1월 21일부터 시행한다.

제2조(화재배상책임보험 미가입에 따른 과태료 부과에 관한 경과조치) 이 영 시행 전에 법 제13조의2에 따라 화재배상책임보험에 가입(재가입을 포함한다)하여야 하는 경우에는 별표 6 제2호자목의 개정규정에도 불구하고 종전의 규정에 따른다.

부칙 〈제26916호, 2016. 1. 19.〉 (화재예방, 소방시설 설치·유지 및 안전관리에 관한 법률 시행령)

제1조(시행일) 이 영은 2016년 1월 21일부터 시행한다. 〈단서 생략〉

제2조 생략

제3조(다른 법령의 개정) ①부터 ③까지 생략

④ 다중이용업소의 안전관리에 관한 특별법 시행령 일부를 다음과 같이 개정한다.

제2조제3호가목 및 제3조의2 중 “「소방시설 설치·유지 및 안전관리에 관한 법률 시행령」”을 각각 “「화재예방, 소방시설 설치·유

지 및 안전관리에 관한 법률 시행령」"으로 한다.

제19조제1호 중 「소방시설 설치ㆍ유지 및 안전관리에 관한 법률」을 「화재예방, 소방시설 설치ㆍ유지 및 안전관리에 관한 법률」로 한다.

⑤부터 ⑦까지 생략

제4조 생략

부칙 〈제27299호, 2016. 6. 30.〉 (행정규제 정비를 위한 개발제한구역의 지정 및 관리에 관한 특별조치법 시행령 등 일부개정령)

제1조(시행일) 이 영은 2016년 7월 1일부터 시행한다. 〈단서 생략〉

제2조 부터 제10조까지 생략

제11조(「다중이용업소의 안전관리에 관한 특별법 시행령」 개정에 관한 경과조치) 이 영 시행 전의 위반행위로 받은 과태료 부과처분은 별표 6의 개정규정에 따른 위반행위의 횟수 산정에 포함하지 아니한다.

제12조 부터 제15조까지 생략

부칙 〈제27395호, 2016. 7. 26.〉

이 영은 2016년 7월 28일부터 시행한다.

부칙 〈제27751호, 2016. 12. 30.〉 (규제 재검토기한 설정 등을 위한 가맹사업거래의 공정화에 관한 법률 시행령 등 일부개정령)

제1조(시행일) 이 영은 2017년 1월 1일부터 시행한다. 〈단서 생략〉
제2조 부터 제12조까지 생략

부칙 〈제28216호, 2017. 7. 26.〉 (소방청과 그 소속기관 직제)
제1조(시행일) 이 영은 공포한 날부터 시행한다. 다만, 부칙 제3조에 따라 개정되는 대통령령 중 이 영 시행 전에 공포되었으나 시행일이 도래하지 아니한 대통령령을 개정한 부분은 각각 해당 대통령령의 시행일부터 시행한다.
제2조 생략
제3조(다른 법령의 개정) ① 생략
② 다중이용업소의 안전관리에 관한 특별법 시행령 일부를 다음과 같이 개정한다.
제2조제8호 중 "국민안전처장관이 관계 중앙행정기관의 장과 협의하여 총리령"을 "행정안전부령"으로 하고, 같은 호에 후단을 다음과 같이 신설한다.
이 경우 소방청장은 관계 중앙행정기관의 장과 미리 협의하여야 한다.
제4조제1항부터 제3항까지, 제7조제1항 · 제2항, 제8조제1항, 제9조의3제2항 각 호 외의 부분, 제11조제2항, 제12조제1항 · 제2항, 같은 조 제3항 본문, 제15조제2항, 제16조 각 호 외의 부분, 제18조제1항, 같은 조 제2항제3호, 같은 조 제3항 각 호 외의 부분, 같은 조 제4항, 제22조의2제1항 각 호 외의 부분, 같은 조 제3항 · 제4항 및 제22조의3 각 호 외의 부분 중 "국민안전처장관"을 각각

"소방청장"으로 한다.

제12조제4항, 제15조제2항, 제21조제2항, 제22조제3항 및 제24조제2항 중 "총리령"을 각각 "행정안전부령"으로 한다.

제16조 각 호 외의 부분, 제18조제3항제2호 및 같은 조 제4항 중 "국민안전처"를 각각 "소방청"으로 한다.

③부터 ⑯까지 생략

부칙 〈제29037호, 2018. 7. 10.〉

제1조(시행일) 이 영은 공포한 날부터 시행한다.

제2조(피난유도선 및 영업장 내부 피난통로의 설치·유지에 관한 적용례) 별표 1의2 제1호다목2) 및 같은 표 제3호의 개정규정은 이 영 시행 이후 법 제9조제3항제1호 또는 제2호에 따라 안전시설등의 설치 신고 또는 내부구조 변경 신고를 하는 영업장부터 적용한다.

제3조(피난유도선 및 영업장 내부 피난통로의 설치·유지에 관한 경과조치) ① 이 영 시행 전에 종전의 별표 1의2 제1호다목2)에 따라 피난유도선의 설치·유지 대상이 아닌 영업장에 대해서는 별표 1의2 제1호다목2)의 개정규정에도 불구하고 종전의 규정에 따른다. 다만, 이 영 시행 이후 법 제9조제3항제2호에 따라 내부구조 변경 신고를 하는 영업장의 경우는 제외한다.

② 이 영 시행 전에 종전의 별표 1의2 제3호에 따라 피난통로의 설치·유지 대상이 아닌 영업장에 대해서는 별표 1의2 제3호의 개정규정에도 불구하고 종전의 규정에 따른다.

부칙 〈제29674호, 2019. 4. 2.〉

제1조(시행일) 이 영은 공포 후 3개월이 경과한 날부터 시행한다. 다만, 별표 6 제2호의 개정규정(같은 호 차목의 개정규정은 제외한다)은 공포한 날부터 시행하고, 제9조의2제1항 각 호 외의 부분 및 별표 6 제2호차목의 개정규정은 2019년 4월 17일부터 시행한다.

제2조(화재배상책임보험의 보험금액에 관한 경과조치) 이 영 시행 전에 체결된 화재배상책임보험의 보험금액에 관하여는 제9조의2제1항제1호·제4호, 별표 2 및 별표 3의 개정규정에도 불구하고 종전의 규정에 따른다. 다만, 이 영 시행 전에 체결된 화재배상책임보험을 이 영 시행 이후에 갱신하는 경우에는 제9조의2제1항제1호·제4호, 별표 2 및 별표 3의 개정규정에 따른다.

제3조(과태료의 부과기준에 관한 경과조치) 부칙 제1조 단서에 따른 시행일 전에 법 제10조제1항 및 제2항을 위반한 행위에 대하여 과태료의 부과기준을 적용할 때에는 별표 6 제2호마목의 개정규정에도 불구하고 종전의 별표 6 제2호라목에 따른다.

부칙 〈제31203호, 2020. 12. 1.〉

이 영은 2020년 12월 10일부터 시행한다.

부칙 〈제31380호, 2021. 1. 5.〉 (어려운 법령용어 정비를 위한 473개 법령의 일부개정에 관한 대통령령)

이 영은 공포한 날부터 시행한다. 〈단서 생략〉

부칙 〈제31511호, 2021. 3. 2.〉

제1조(시행일) 이 영은 공포한 날부터 시행한다.

제2조(다른 법령의 개정) 화재예방, 소방시설 설치ㆍ유지 및 안전관리에 관한 법률 시행령 일부를 다음과 같이 개정한다.

제20조제1항제1호라목 중 "골프 연습장업"을 "가상체험 체육시설업"으로 한다.

부칙 〈제31870호, 2021. 7. 6.〉

이 영은 2021년 7월 6일부터 시행한다. 다만, 제15조의2의 개정규정은 2021년 7월 13일부터 시행한다.

부칙 〈제32276호, 2021. 12. 30.〉 (식품위생법 시행령)

제1조(시행일) 이 영은 2021년 12월 30일부터 시행한다.

제2조(다른 법령의 개정) ① 생략

② 다중이용업소의 안전관리에 관한 특별법 시행령 제2조에 제1호의2를 다음과 같이 신설한다.

1의2. 「식품위생법 시행령」 제21조제9호에 따른 공유주방 운영업 중 휴게음식점영업ㆍ제과점영업 또는 일반음식점영업에 사용되는 공유주방을 운영하는 영업으로서 영업장 바닥면적의 합계가 100제곱미터(영업장이 지하층에 설치된 경우에는 그 바닥면적 합계가 66제곱미터) 이상인 것. 다만, 영업장(내부계단으로 연결된 복층구조의 영업장은 제외한다)이 다음 각 목의 어느 하나에 해당하는 층에 설치되고 그 영업장의 주된 출입구가 건축물 외부의 지면과 직접 연결되는 곳에서 하는 영업은 제외한다.

가. 지상 1층

나. 지상과 직접 접하는 층

부칙 〈제32536호, 2022. 3. 15.〉

이 영은 공포한 날부터 시행한다.

부칙 〈제33004호, 2022. 11. 29.〉 (소방시설 설치 및 관리에 관한 법률 시행령)

제1조(시행일) 이 영은 2022년 12월 1일부터 시행한다. 〈단서 생략〉

제2조 부터 제15조까지 생략

제16조(다른 법령의 개정) ①부터 ⑪까지 생략

⑫ 다중이용업소의 안전관리에 관한 특별법 시행령 일부를 다음과 같이 개정한다.

제2조제3호가목 중 "「화재예방, 소방시설 설치·유지 및 안전관리에 관한 법률 시행령」"을 "「소방시설 설치 및 관리에 관한 법률 시행령」"으로 한다.

제3조의2 중 "「화재예방, 소방시설 설치·유지 및 안전관리에 관한 법률 시행령」"을 "「소방시설 설치 및 관리에 관한 법률 시행령」"으로 한다.

제19조제1호 중 "「화재예방, 소방시설 설치·유지 및 안전관리에 관한 법률」 제10조제1항"을 "「소방시설 설치 및 관리에 관한 법률」

제16조제1항”으로 한다.

⑬부터 ㊴까지 생략

제17조 생략

부칙 〈제33940호, 2023. 12. 12.〉

이 영은 2024년 1월 4일부터 시행한다. 다만, 제2조제3호가목, 제3조의2, 제4조제3항, 제15조제1항, 제18조의2 및 별표 7의 개정규정은 공포한 날부터 시행한다.

부칙 〈제34449호, 2024. 4. 23.〉 (개인정보 침해요인 개선을 위한 33개 법령의 일부개정에 관한 대통령령)

이 영은 공포한 날부터 시행한다. 〈단서 생략〉

별표 / 서식

[별표 1] 안전시설등(제2조의2 관련)

[별표 1의2] 다중이용업소에 설치 · 유지하여야 하는 안전시설등(제9조 관련)

[별표 2] 부상 등급별 화재배상책임보험 보험금액의 한도(제9조의3제1항제2호 관련)

[별표 3] 후유장애 등급별 화재배상책임보험 보험금액의 한도(제9조의3제1항제3호 관련)

[별표 4] 화재안전등급(제11조제1항 및 제13조 관련)

[별표 5] 평가대행자 갖추어야 할 기술인력 · 시설 · 장비 기준(제14

다중이용업소의 안전관리에 관한 특별법 시행규칙
(약칭 : 다중이용업소법 시행규칙)

[시행 2025. 9. 30.] [행정안전부령 제582호, 2025. 9. 30., 일부개정]

**개정 예정 법률 밑줄 별도 표시.

다중이용업소의 안전관리에 관한 특별법 시행규칙
(약칭 : 다중이용업소법 시행규칙)

[시행 2025. 9. 30.] [행정안전부령 제582호, 2025. 9. 30., 일부개정]

제1조(목적) 이 규칙은 「다중이용업소의 안전관리에 관한 특별법」 및 같은 법 시행령에서 위임된 사항과 그 시행에 필요한 사항을 규정함을 목적으로 한다.

제2조(다중이용업) 「다중이용업소의 안전관리에 관한 특별법 시행령」(이하 "영"이라 한다) 제2조제8호에서 "행정안전부령으로 정하는 영업"이란 다음 각 호의 어느 하나에 해당하는 영업을 말한다. 〈개정 2012. 2. 15., 2013. 3. 23., 2014. 11. 19., 2017. 7. 26., 2021. 12. 7.〉

1. 전화방업·화상대화방업 : 구획된 실(室) 안에 전화기·텔레비전·모니터 또는 카메라 등 상대방과 대화할 수 있는 시설을 갖춘 형태의 영업

2. 수면방업 : 구획된 실(室) 안에 침대·간이침대 그 밖에 휴식을 취할 수 있는 시설을 갖춘 형태의 영업

3. 콜라텍업 : 손님이 춤을 추는 시설 등을 갖춘 형태의 영업으로

서 주류판매가 허용되지 아니하는 영업

4. 방탈출카페업 : 제한된 시간 내에 방을 탈출하는 놀이 형태의 영업

5. 키즈카페업 : 다음 각 목의 영업

가.「관광진흥법 시행령」 제2조제1항제5호다목에 따른 기타유원시설업으로서 실내공간에서 어린이(「어린이안전관리에 관한 법률」 제3조제1호에 따른 어린이를 말한다. 이하 같다)에게 놀이를 제공하는 영업

나. 실내에 「어린이놀이시설 안전관리법」 제2조제2호 및 같은 법 시행령 별표 2 제13호에 해당하는 어린이놀이시설을 갖춘 영업

다.「식품위생법 시행령」 제21조제8호가목에 따른 휴게음식점영업으로서 실내공간에서 어린이에게 놀이를 제공하고 부수적으로 음식류를 판매·제공하는 영업

6. 만화카페업 : 만화책 등 다수의 도서를 갖춘 다음 각 목의 영업. 다만, 도서를 대여·판매만 하는 영업인 경우와 영업장으로 사용하는 바닥면적의 합계가 50제곱미터 미만인 경우는 제외한다.

가. 「식품위생법 시행령」 제21조제8호가목에 따른 휴게음식점영업

나. 도서의 열람, 휴식공간 등을 제공할 목적으로 실내에 다수의 구획된 실(室)을 만들거나 입체 형태의 구조물을 설치한 영업

제3조(안전관리기본계획의 공고) 소방청장은 영 제4조제3항에 따라 안전관리기본계획을 수립한 경우에는 이를 관보에 공고한다. 〈개정 2014. 11. 19., 2017. 7. 26.〉

제4조(관련 행정기관의 허가등의 통보) ①「다중이용업소의 안전관리에 관한 특별법」(이하 “법”이라 한다) 제7조제1항에 따른 다중이용업의 허가·인가·등록·신고수리(이하 “허가등”이라 한다)를 하는 행정기관(이하 “허가관청”이라 한다)은 허가등을 한 날부터 14일 이내에 다음 각 호의 사항을 별지 제1호서식의 다중이용업 허가등 사항(변경사항)통보서에 따라 관할 소방본부장 또는 소방서장에게 통보하여야 한다.

1. 영업주의 성명·주소
2. 다중이용업소의 상호·소재지
3. 다중이용업의 종류·영업장 면적
4. 허가등 일자

②허가관청은 법 제7조제2항제1호에 따른 휴·폐업과 휴업 후 영업재개신고를 수리한 때에는 별지 제1호서식의 다중이용업 허가등 사항(변경사항)통보서에 따라 30일 이내에 소방본부장 또는 소방서장에게 통보하여야 한다.

③허가관청은 법 제7조제2항제2호부터 제4호까지의 규정에 따른 변경사항의 신고를 수리한 때에는 수리한 날부터 30일 이내에 별지 제1호서식의 다중이용업 허가등 사항(변경사항)통보서에 따라 그 변경내용을 관할 소방본부장 또는 소방서장에게 통보하여야 한다.

④소방본부장 또는 소방서장은 허가관청으로부터 제1항부터 제3항까지에 따른 통보를 받은 경우에는 별지 제2호서식의 다중이용업 허가등 사항 처리 접수대장에 그 사실을 기록하여 관리하여야 한다. 〈개정 2013. 1. 11.〉

⑤ 허가관청은 제1항부터 제3항까지에 따른 통보를 할 때에는 법 제19조제1항에 따른 전산시스템을 이용하여 통보할 수 있다. 〈신설 2013. 1. 11.〉

제5조(소방안전교육의 대상자 등) ① 법 제8조제1항에 따라 소방청장·소방본부장 또는 소방서장이 실시하는 소방안전교육(이하 "소방안전교육"이라 한다)을 받아야 하는 대상자(이하 "교육대상자"라 한다)는 다음 각 호와 같다. 〈개정 2014. 11. 19., 2017. 7. 26., 2019. 4. 22.〉

1. 다중이용업을 운영하는 자(이하 "다중이용업주"라 한다)

2. 다중이용업주 외에 해당 영업장(다중이용업주가 둘 이상의 영업장을 운영하는 경우에는 각각의 영업장을 말한다)을 관리하는 종업원 1명 이상 또는 「국민연금법」 제8조제1항에 따라 국민연금 가입의무대상자인 종업원 1명 이상

3. 다중이용업을 하려는 자

② 제1항제1호에도 불구하고 다중이용업주가 직접 소방안전교육을 받기 곤란한 경우로서 소방청장이 정하는 경우에는 영업장의 종업원 중 소방청장이 정하는 자로 하여금 다중이용업주를 대신하여 소방안전교육을 받게 할 수 있다. 〈개정 2014. 11. 19., 2017. 7. 26.〉

③ 교육대상자는 다음 각 호의 구분에 따른 시기에 소방안전교육을 받아야 한다. 다만, 국외체류, 질병·부상 등으로 인한 입원 또는 임신·출산 등 교육대상자가 정해진 기간 안에 소방안전교육을 받을 수 없는 사유가 있는 때에는 소방청장이 정하는 바에 따라 3개월의

범위에서 소방안전교육을 연기할 수 있다. 〈개정 2014. 11. 19., 2016. 1. 13., 2016. 10. 19., 2017. 7. 26., 2018. 3. 21., 2019. 4. 22., 2025. 9. 30.〉

1. 신규 교육

가. 다중이용업을 하려는 자: 다중이용업을 시작하기 전. 다만, 다음의 경우에는 1) 또는 2)에서 정한 시기에 소방안전교육을 받아야 한다.

1) 다른 법률에 따라 다중이용업주의 변경신고 또는 다중이용업주의 지위승계 신고를 하는 경우: 허가관청이 해당 신고를 수리하기 전까지

2) 법 제9조제3항에 따라 안전시설등의 설치신고 또는 영업장 내부구조 변경신고를 한 경우: 법 제9조제3항제3호에 따른 완공신고를 하기 전까지

나. 교육대상 종업원: 다중이용업에 종사하기 전

2. 수시 교육: 법 제8조제1항 및 제2항, 법 제9조제1항ㆍ제10조ㆍ제11조ㆍ제12조제1항ㆍ제13조제1항 또는 법 제14조를 위반한 다중이용업주와 교육대상 종업원은 위반행위가 적발된 날부터 3개월 이내. 다만, 법 제9조제1항의 위반행위의 경우에는 과태료 부과대상이 되는 위반행위인 경우에만 해당한다.

3. 보수 교육: 제1호의 신규 교육 또는 직전의 보수 교육을 받은 날이 속하는 달의 마지막 날부터 2년 이내에 1회 이상

④ 소방청장ㆍ소방본부장 또는 소방서장은 소방안전교육을 실시하려는 때에는 교육 일시 및 장소 등 소방안전교육에 필요한 사항을 교

육일 30일 전까지 소방청·소방본부 또는 소방서의 홈페이지에 게재해야 한다. 이 경우 다음 각 호에서 정하는 시기에 교육대상자에게 알려야 한다. 〈개정 2014. 11. 19., 2017. 7. 26., 2019. 4. 22.〉

1. 신규 교육 대상자 중 법 제9조제3항에 따라 안전시설등의 설치신고 또는 영업장 내부구조 변경신고를 하는 자: 신고 접수 시

2. 수시 교육 및 보수 교육 대상자: 교육일 10일 전

⑤ 소방청장·소방본부장 또는 소방서장이 소방안전교육을 하려는 때에는 다중이용업과 관련된 「직능인 경제활동지원에 관한 법률」 제2조에 따른 직능단체 및 민법상의 비영리법인과 협의하여 다른 법령에서 정하는 다중이용업 관련 교육과 병행하여 실시할 수 있다. 〈개정 2014. 11. 19., 2017. 7. 26.〉

⑥ 소방안전교육 시간은 4시간 이내로 한다.

⑦ 제3항에 따라 소방안전교육을 받은 사람이 교육받은 날부터 2년 이내에 다중이용업을 하려는 경우 또는 다중이용업에 종사하려는 경우에는 제3항제1호에 따른 신규 교육을 받은 것으로 본다.

⑧ 소방청장·소방본부장 또는 소방서장은 소방안전교육을 이수한 사람에게 별지 제3호서식의 소방안전교육 이수증명서를 발급하고, 그 내용을 별지 제4호서식의 소방안전교육 이수증명서 발급(재발급)대장에 적어 관리하여야 한다. 〈개정 2014. 11. 19., 2017. 7. 26.〉

⑨ 제8항에 따라 소방안전교육 이수증명서를 발급받은 사람은 소방안전교육 이수증명서를 잃어버렸거나 헐어서 쓸 수 없게 되어 소방안전교육 이수증명서를 재발급받으려면 별지 제5호서식의 소방안전교육 이수증명서 재발급 신청서에 이전에 발급받은 소방안전교육

이수증명서를 첨부(잃어버린 경우는 제외한다)하여 소방본부장 또는 소방서장에게 제출하여야 한다. 이 경우 재발급 신청을 받은 소방본부장 또는 소방서장은 소방안전교육 이수증명서를 즉시 재발급하고, 별지 제4호서식의 소방안전교육 이수증명서 발급(재발급) 대장에 그 사실을 적어 관리하여야 한다.

⑩ 제1항부터 제9항까지에서 정한 사항 외에 소방안전교육을 위하여 필요한 사항은 소방청장이 정한다. 〈개정 2014. 11. 19., 2017. 7. 26.〉

[전문개정 2012. 2. 15.]

제6조(인터넷 홈페이지를 이용한 사이버 소방안전교육) ①소방청장, 소방본부장 또는 소방서장은 다중이용업주와 그 종업원 및 다중이용업을 하려는 자에 대한 자율안전관리 책임의식을 높이고 화재발생시 초기대응능력을 향상하기 위하여 인터넷 홈페이지를 이용한 사이버 소방안전교육(이하 "사이버교육"이라 한다)을 위한 환경을 조성하여야 한다. 〈개정 2019. 4. 22.〉

②소방청장, 소방본부장 또는 소방서장은 제1항에 따른 사이버교육을 위하여 소방청, 소방본부 또는 소방서의 인터넷 홈페이지에 누구나 쉽게 접속하여 사이버교육을 받을 수 있도록 시스템을 구축·운영하여야 한다. 〈개정 2019. 4. 22.〉

③제2항의 사이버교육을 위한 시스템 구축과 그 밖에 필요한 사항은 소방청장이 정한다. 〈개정 2014. 11. 19., 2017. 7. 26.〉

제7조(소방안전교육의 교과과정 등) ①법 제8조제1항에 따른 소방안전교육의 교과과정은 다음 각 호와 같다.

인한 결과 안전시설등이 별표 2에 적합하다고 인정하는 경우에는 별지 제7호서식의 안전시설등 완비증명서를 발급하고, 적합하지 아니한 때에는 신청인에게 서면으로 그 사유를 통보하고 보완을 요구하여야 한다. 〈개정 2012. 2. 15.〉

③소방본부장 또는 소방서장은 제1항에 따른 안전시설등 설치(완공)신고서를 접수하거나 제2항에 따른 안전시설등 완비증명서를 발급한 때에는 별지 제8호서식의 안전시설등 완비증명서 발급 대장에 발급일자 등을 적어 관리하여야 한다. 〈개정 2012. 2. 15.〉

④ 다중이용업주는 다음 각 호의 어느 하나에 해당하여 제2항에 따라 발급받은 안전시설등 완비증명서를 재발급받으려는 경우에는 별지 제9호서식의 안전시설등 완비증명서 재발급 신청서에 이전에 발급받은 안전시설등 완비증명서를 첨부(제1호의 경우는 제외한다)하여 소방본부장 또는 소방서장에게 제출해야 한다. 〈개정 2013. 1. 11., 2016. 10. 19., 2023. 8. 1.〉

1. 안전시설등 완비증명서를 잃어버린 경우

2. 안전시설등 완비증명서가 헐어서 쓸 수 없게 된 경우

3. 안전시설등 및 영업장 내부구조 변경 등이 없이 다음 각 목의 어느 하나에 해당하는 경우

가. 실내장식물을 변경하는 경우

나. 법 제7조제2항제3호 및 제4호에 해당하는 경우

4. 안전시설등을 추가하지 아니하는 업종으로 업종 변경을 한 경우. 다만, 내부구조 변경 등이 있거나 업종 변경에 따라 강화된 기준을 적용받는 경우는 제외한다.

⑤ 소방본부장 또는 소방서장은 제4항에 따른 신청을 받은 날부터 3일 이내에 안전시설등 완비증명서를 재발급하고, 별지 제8호서식의 안전시설등 완비증명서 발급 대장에 그 사실을 기록하여 관리하여야 한다. 〈신설 2013. 1. 11.〉

제11조의2(다중이용업소의 비상구 추락방지 기준) ① 법 제9조의2에서 "행정안전부령으로 정하는 비상구"란 영업장의 위치가 4층 이하(지하층인 경우는 제외한다)인 경우 그 영업장에 설치하는 비상구를 말한다.

② 제1항에 따른 비상구의 설치 기준과 법 제9조의2에 따른 추락 등의 방지를 위한 장치의 설치 기준은 별표 2 제2호다목과 같다.

[본조신설 2019. 4. 22.]

[종전 제11조의2는 제11조의3으로 이동 〈2019. 4. 22.〉]

제11조의3(영업장의 내부구획 기준) 법 제10조의2제1항에 따라 다중이용업소의 영업장 내부를 구획함에 있어 배관 및 전선관 등이 영업장 또는 천장(반자속)의 내부구획된 부분을 관통하여 틈이 생긴 때에는 다음 각 호의 어느 하나에 해당하는 재료를 사용하여 그 틈을 메워야 한다.

1. 「산업표준화법」에 따른 한국산업표준에서 내화충전성능을 인정한 구조로 된 것

2. 「과학기술분야 정부출연연구기관 등의 설립·운영에 관한 법률」에 따라 설립된 한국건설기술연구원의 장이 국토교통부장관이 정하여 고시하는 기준에 따라 내화충전성능을 인정한 구조로 된 것

[본조신설 2015. 1. 7.]

[제11조의2에서 이동 〈2019. 4. 22.〉]

제12조(피난안내도 비치 대상 등) ① 법 제12조제2항에 따른 피난안내도 비치 대상, 피난안내 영상물 상영 대상, 피난안내도 비치 위치 및 피난안내 영상물 상영 시간 등은 별표 2의2와 같다. 〈개정 2013. 1. 11.〉

② 제1항에 따라 피난안내도를 비치하거나 피난안내에 관한 영상물을 상영하여야 하는 다중이용업주는 법 제13조제1항에 따라 안전시설등을 점검할 때에 피난안내도 및 피난안내에 관한 영상물을 포함하여 점검하여야 한다. 〈신설 2012. 2. 15.〉

[제목개정 2013. 1. 11.]

제13조(다중이용업소 안전시설등 세부점검표) 법 제13조제1항 및 제2항에 따라 안전시설등을 점검하는 경우에는 별지 제10호서식의 안전시설등 세부점검표를 사용하여 점검한다.

제14조(안전점검의 대상, 점검자의 자격 등) 법 제13조제3항에 따른 안전점검의 대상, 점검자의 자격, 점검주기, 점검방법은 다음 각 호와 같다. 〈개정 2012. 2. 3., 2013. 1. 11., 2016. 10. 19., 2022. 12. 1., 2024. 1. 4.〉

1. 안전점검 대상 : 다중이용업소의 영업장에 설치된 영 제9조의 안전시설등

2. 안전점검자의 자격: 다음 각 목의 어느 하나에 해당하는 자

가. 해당 영업장의 다중이용업주 또는 다중이용업소가 위치한 특정소방대상물의 소방안전관리자(소방안전관리자가 선임된 경우에 한한다)

나. 해당 업소의 종업원 중 다음의 어느 하나에 해당하는 사람

1) 「화재의 예방 및 안전관리에 관한 법률 시행령」 별표 6 제2호마목 또는 같은 표 제3호자목에 따라 소방안전관리자 자격을 취득한 사람

2) 「소방시설 설치 및 관리에 관한 법률」 제25조에 따른 소방시설관리사 자격을 취득한 사람

3) 「국가기술자격법」에 따라 소방기술사·소방설비기사 또는 소방설비산업기사 자격을 취득한 사람

다. 「소방시설 설치 및 관리에 관한 법률」 제29조에 따른 소방시설관리업자

3. 점검주기 : 매 분기별 1회 이상 점검. 다만, 「소방시설 설치 및 관리에 관한 법률」 제22조제1항에 따라 자체점검을 실시한 경우에는 자체점검을 실시한 그 분기에는 점검을 실시하지 아니할 수 있다.

4. 점검방법 : 안전시설등의 작동 및 유지·관리 상태를 점검한다.

제14조의2(화재배상책임보험 가입 영업소의 표지) 법 제13조의3제2항에 따른 화재배상책임보험에 가입한 영업소임을 표시하는 표지의 규격, 재질 및 부착 위치 등은 별표 2의3과 같다.

[본조신설 2013. 1. 11.]

제14조의3(화재배상책임보험 계약 체결 사실 등의 통지 시기 등) ① 보험회사는 법 제13조의3제4항에 따라 화재배상책임보험 계약 체결 사실 등을 다음 각 호의 구분에 따른 시기에 소방청장, 소방본부장 또

는 소방서장에게 알려야 한다. 〈개정 2014. 11. 19., 2017. 7. 26.〉

1. 법 제13조의3제4항제1호에 해당하는 경우: 계약 체결 사실을 보험회사의 전산시스템에 입력한 날부터 5일 이내. 다만, 계약의 효력발생일부터 30일을 초과하여서는 아니 된다.

2. 법 제13조의3제4항제2호에 해당하는 경우: 계약 해지 사실을 보험회사의 전산시스템에 입력한 날부터 5일 이내. 다만, 계약의 효력소멸일부터 30일을 초과하여서는 아니 된다.

3. 법 제13조의3제4항제3호에 해당하는 경우에는 다음 각 목의 시기

가. 매월 1일부터 10일까지의 기간 내에 계약이 끝난 경우: 같은 달 20일까지

나. 매월 11일부터 20일까지의 기간 내에 계약이 끝난 경우: 같은 달 말일까지

다. 매월 21일부터 말일까지의 기간 내에 계약이 끝난 경우: 그 다음 달 10일까지

② 보험회사가 제1항에 따라 화재배상책임보험 계약 체결 사실 등을 알릴 때에는 다음 각 호의 사항을 포함하여야 한다.

1. 다중이용업주의 성명, 주민등록번호 및 주소(법인의 경우에는 법인의 명칭, 법인등록번호 및 주소를 말한다)

2. 다중이용업소의 상호, 영 제2조에 따른 다중이용업의 종류, 영업장 면적 및 영업장 주소

3. 화재배상책임보험 계약 기간(법 제13조의3제4항제1호의 경우만 해당한다)

③ 보험회사가 제1항에 따라 화재배상책임보험 계약 체결 사실 등을 알릴 때에는 법 제19조제2항에 따른 책임보험전산망을 이용하여야 한다. 다만, 전산망의 장애 등으로 책임보험전산망을 이용하기 곤란한 경우에는 문서 또는 전자우편 등의 방법으로 알릴 수 있다.

[본조신설 2013. 1. 11.]

제14조의4(공동계약 체결이 가능한 경우) 법 제13조의5제2항 전단에서 "행정안전부령으로 정하는 사유"란 다음 각 호의 어느 하나에 해당하는 사유가 있는 경우를 말한다. 〈개정 2013. 3. 23., 2014. 11. 19., 2017. 7. 26.〉

1. 해당 영업장에서 화재 관련 사고가 발생한 사실이 있는 경우

2. 보험회사가 「보험업법」에 따라 허가를 받거나 신고한 화재배상책임보험의 보험요율과 보험금액의 산출 기준이 법 제13조의2제1항에 따른 책임을 담보하기에 현저히 곤란하다고 「보험업법」 제176조에 따른 보험요율 산출기관이 인정한 경우

[본조신설 2013. 1. 11.]

제14조의5(화재배상책임보험 계약의 해제·해지 가능 사유) 법 제13조의6제3호에서 "행정안전부령으로 정하는 경우"란 다음 각 호의 어느 하나에 해당하는 경우를 말한다. 〈개정 2013. 3. 23., 2014. 11. 19., 2017. 7. 26.〉

1. 폐업한 경우

2. 영 제2조에 따른 다중이용업에 해당하지 않게 된 경우

3. 천재지변, 사고 등의 사유로 다중이용업주가 다중이용업을 더 이상 운영할 수 없게 된 사실을 증명한 경우

4. 「상법」 제650조제1항·제2항, 제651조, 제652조제1항 또는 제654조에 따른 계약 해지 사유가 발생한 경우

[본조신설 2013. 1. 11.]

제15조(손실보상 재결신청) 영 제12조제4항에 따른 보상금의 지급 또는 공탁의 통지에 불복하는 자는 별지 제11호서식의 손실보상재결신청서에 따라 중앙토지수용위원회에 재결을 신청하여야 한다.

제15조의2(소방안전교육 등의 면제기간) 법 제15조제5항에서 "행정안전부령으로 정하는 기간 동안"이란 소방청장, 소방본부장 또는 소방서장으로부터 화재위험평가 결과가 에이(A) 등급에 해당한다고 통보받은 날부터 2년이 되는 날까지를 말한다.

[본조신설 2024. 1. 4.]

제16조(화재위험평가대행자의 등록신청 등) ①법 제16조제1항에 따라 화재위험평가를 대행하려는 자는 별지 제12호서식의 화재위험평가대행자 등록신청서에 다음 각 호의 서류(전자문서를 포함한다)를 첨부하여 소방청장에게 제출해야 한다. 〈개정 2012. 2. 15., 2013. 1. 11., 2014. 11. 19., 2017. 7. 26., 2021. 7. 13.〉

1. 별지 제13호서식의 기술인력명부 및 기술자격을 증명하는 서류(「국가기술자격법」에 따라 발급받은 국가기술자격증이 없는 경우만 해당한다)

2. 실무경력증명서(해당자에 한한다) 1부

3. 영 별표 5에 따른 시설 및 장비명세서 1부

4. 별지 제13호의2서식의 병력(病歷) 신고 및 개인정보 이용 동의서(이하 이 조에서 "동의서"라 하며, 법인인 경우에는 소속 임원의

것을 포함한다)

② 제1항에 따른 등록신청을 받은 소방청장은 「전자정부법」 제36조제1항에 따른 행정정보의 공동이용을 통하여 법인 등기사항증명서(법인인 경우만 해당한다), 사업자등록증명(개인인 경우만 해당한다) 및 해당 기술인력의 국가기술자격취득사항확인서를 확인하여야 한다. 다만, 신청인이 사업자등록증명 또는 국가기술자격취득사항확인서의 확인에 동의하지 않는 경우에는 사업자등록증 사본 또는 국가기술자격증 사본을 첨부하도록 하여야 한다. 〈개정 2012. 2. 15., 2014. 11. 19., 2017. 7. 26., 2024. 4. 12.〉

③ 제1항에 따라 동의서를 제출받은 소방청장은 국민건강보험공단 등 관계기관에 치료경력의 조회를 요청할 수 있다. 〈신설 2021. 7. 13.〉

④ 소방청장은 동의서의 기재내용 또는 관계기관의 조회결과를 확인하여 필요한 경우 화재위험평가를 대행하려는 자에게 영 제15조의2 각 호에 해당하지 않음을 증명하는 해당 분야 전문의의 진단서 또는 소견서(제출일 기준 6개월 이내에 발급된 서류에 한정한다)를 제출하도록 요청할 수 있다. 이 경우 화재위험평가를 대행하려는 자는 해당 서류를 소방청장에게 제출해야 한다. 〈신설 2021. 7. 13.〉

⑤소방청장은 제1항에 따른 등록신청이 영 제14조 및 영 별표 5에 따른 기준에 적합하다고 인정되는 경우에는 등록신청을 받은 날부터 30일 이내에 별지 제14호서식의 화재위험평가대행자등록증을 발급하고, 별지 제15호서식의 화재위험평가대행자등록증 발급(재발급) 대장에 기록하여 관리해야 한다. 〈개정 2013. 1. 11., 2014.

11. 19., 2017. 7. 26., 2021. 7. 13.〉

⑥제5항에 따라 화재위험평가대행자등록증을 발급받은 자(이하 "평가대행자"라 한다)는 화재위험평가대행자등록증을 잃어버리거나 화재위험평가대행자등록증이 헐어 못쓰게 된 경우에는 소방청장에게 화재위험평가대행자등록증의 재발급을 신청할 수 있다. 〈개정 2013. 1. 11., 2014. 11. 19., 2017. 7. 26., 2021. 7. 13.〉

⑦평가대행자가 제6항에 따라 화재위험평가대행자등록증의 재발급을 신청하려는 때에는 별지 제16호서식의 화재위험평가대행자등록증 재발급 신청서를 소방청장에게 제출해야 한다. 〈개정 2013. 1. 11., 2014. 11. 19., 2017. 7. 26., 2021. 7. 13.〉

⑧소방청장은 제7항에 따라 화재위험평가대행자등록증 재발급 신청서를 접수한 경우에는 3일 이내에 화재위험평가대행자등록증을 재발급해야 한다. 〈개정 2013. 1. 11., 2014. 11. 19., 2017. 7. 26., 2021. 7. 13.〉

⑨법 제17조제1항에 따라 평가대행자의 등록이 취소된 자는 지체 없이 화재위험평가대행자등록증을 소방청장에게 반납해야 한다. 〈개정 2013. 1. 11., 2014. 11. 19., 2017. 7. 26., 2021. 7. 13.〉

제17조(평가대행자의 등록사항 변경신청 등) ① 평가대행자는 법 제16조제1항 후단에 따라 등록 사항 중 중요 사항을 변경하려는 때에는 별지 제12호서식의 화재위험평가대행자 변경등록 신청서에 다음 각 호의 서류(전자문서를 포함한다)를 첨부하여 소방청장에게 제출해야 한다. 〈개정 2014. 11. 19., 2017. 7. 26., 2021. 7. 13.〉

1. 화재위험평가대행자 등록증

2. 별지 제13호서식의 기술인력명부(기술인력이 변경된 경우만 해당한다) 및 기술자격을 증명하는 서류(「국가기술자격법」에 따라 발급받은 국가기술자격증이 없는 경우만 해당한다)

3. 별지 제13호의2서식의 병력 신고 및 개인정보 이용 동의서(대표자가 변경된 경우만 해당한다)

② 제1항에 따른 변경등록 신청을 받은 소방청장은 「전자정부법」 제36조제1항에 따른 행정정보의 공동이용을 통하여 법인 등기사항증명서(법인인 경우만 해당한다), 사업자등록증명(개인인 경우만 해당한다) 및 해당 기술인력의 국가기술자격취득사항확인서를 확인하여야 한다. 다만, 신청인이 사업자등록증명 또는 국가기술자격취득사항확인서의 확인에 동의하지 않는 경우에는 사업자등록증 사본 또는 국가기술자격증 사본을 첨부하도록 하여야 한다. 〈개정 2014. 11. 19., 2017. 7. 26., 2024. 4. 12.〉

[전문개정 2012. 2. 15.]

제18조(화재위험평가서의 보존기간) 법 제16조제3항제3호의 "행정안전부령으로 정하는 기간 동안"이란 화재위험평가결과보고서를 소방청장·소방본부장 또는 소방서장 등에게 제출한 날부터 2년간을 말한다. 〈개정 2012. 2. 15., 2013. 3. 23., 2014. 11. 19., 2017. 7. 26.〉

제19조(휴업 또는 폐업신고 등) ① 평가대행자는 법 제16조제4항에 따라 휴업 또는 폐업을 하려는 때에는 별지 제17호서식의 화재위험평가대행자 휴업(폐업)신고서에 화재위험평가대행자 등록증을 첨부하여 소방청장에게 제출하여야 한다. 〈개정 2012. 2. 15., 2014.

11. 19., 2017. 7. 26.〉

②소방청장은 제1항에 따라 휴업 또는 폐업신고를 받은 때에는 이를 특별시장·광역시장·특별자치시장·도지사 또는 특별자치도지사에게 통보하여야 한다. 〈개정 2012. 2. 15., 2014. 11. 19., 2017. 7. 26., 2024. 1. 4.〉

[제목개정 2012. 2. 15.]

제20조(행정처분기준) 법 제17조제3항에 따른 평가대행자의 등록취소 또는 업무정지의 행정처분기준은 별표 3과 같다. 〈개정 2013. 1. 11.〉

제21조(안전관리우수업소 표지 크기 등) ①법 제21조제3항에서 "행정안전부령으로 정하는 기간 동안"이란 법 제21조제1항에 따라 소방본부장 또는 소방서장으로부터 안전관리업무 이행실태가 우수하다고 통보 받은 날부터 2년이 되는 날까지를 말한다. 〈개정 2012. 2. 15., 2013. 3. 23., 2014. 11. 19., 2017. 7. 26.〉

②법 제21조제1항에 따른 안전관리우수업소(이하 "안전관리우수업소"라 한다) 표지의 규격·재질·부착기간 등은 별표 4와 같다.

제22조(안전관리우수업소 표지 발급대장의 관리 등) ①소방본부장 또는 소방서장은 영 제21조제1항에 따라 안전관리우수업소 표지를 발급한 날부터 2년이 되는 날 이후 30일 이내에 정기심사를 실시하여 영 제19조에 따른 요건에 적합한 경우에는 안전관리우수업소표지를 갱신해 주어야 한다. 〈개정 2013. 1. 11.〉

② 소방본부장 또는 소방서장은 안전관리우수업소표지를 발급 또는 갱신발급하였을 때에는 별지 제18호서식의 안전관리우수업소 표

지 발급(갱신발급)대장에 그 사실을 기록하고 관리하여야 한다. 〈개정 2013. 1. 11.〉

제23조(안전관리우수업소의 공표) ①소방본부장 또는 소방서장은 영 제21조제1항에 따라 안전관리우수업소의 표지를 발급한 때에는 이를 지체 없이 공표하여야 한다. 〈개정 2013. 1. 11.〉

②제1항에 따른 공표는 영 제18조제3항에 따른 매체에 다음 각 호의 구분에 따라 그 내용을 기재하여 이를 공표한다.

1. 안전관리우수업소의 공표 또는 갱신공표의 경우

가. 안전관리우수업소의 명칭과 다중이용업주 이름

나. 안전관리우수업무의 내용

다. 안전관리우수업소 표지를 부착할 수 있는 기간

2. 안전관리우수업소의 표지 사용정지의 경우

가. 안전관리우수업소의 표지 사용정지대상인 다중이용업소의 명칭과 다중이용업주 이름

나. 안전관리우수업소 표지의 사용을 정지하는 사유

다. 안전관리우수업소 표지의 사용정지일

제24조(안전관리우수업소의 공표신청 등) ①영 제22조제1항에 따라 안전관리우수업소로 인정을 받으려는 다중이용업주는 별지 제19호서식의 안전관리우수업소 공표신청서에 안전시설등 완비증명서 사본을 첨부하여 소방본부장 또는 소방서장에게 신청하여야 한다. 〈개정 2013. 1. 11.〉

② 제1항에 따른 신청을 받은 소방본부장 또는 소방서장은 「전자정부법」 제36조제1항에 따른 행정정보의 공동이용을 통하여 법인

등기사항증명서(법인인 경우만 해당한다) 또는 사업자등록증명(개인인 경우만 해당하며, 주민등록번호가 제외된 사업자등록증명을 말한다)을 확인하여야 한다. 다만, 신청인이 사업자등록증명의 확인에 동의하지 않는 경우에는 사업자등록증 사본을 첨부하도록 하여야 한다. 〈신설 2013. 1. 11., 2024. 4. 12.〉

③소방본부장 또는 소방서장은 제1항에 따른 신청을 받은 경우에는 영 제20조에 따라 예정공고를 거쳐 영 제19조의 안전관리우수업소 요건에 적합한지를 확인하여야 한다. 〈개정 2013. 1. 11.〉

④소방본부장 또는 소방서장은 제3항에 따른 확인결과 그 다중이용업소가 그 요건에 적합하다고 인정하는 때에는 그 사실을 안전관리우수업소 공표신청을 한 다중이용업주에게 통보하고 안전관리우수업소 표지를 교부하여야 하며, 부적합하다고 인정하는 때에는 신청인에게 서면으로 그 사유를 통보하여야 한다. 〈개정 2013. 1. 11.〉

제25조(소방안전교육 위탁기관이 갖추어야 하는 시설기준 등) 법 제22조제1항에 따라 소방안전교육을 위탁받은 기관이 갖추어야 하는 시설기준은 별표 5와 같다.

제25조의2(규제의 재검토) 소방청장은 다음 각 호의 사항에 대하여 다음 각 호의 기준일을 기준으로 3년마다(매 3년이 되는 해의 기준일과 같은 날 전까지를 말한다) 그 타당성을 검토하여 개선 등의 조치를 해야 한다. 〈개정 2017. 7. 26., 2021. 12. 7., 2023. 8. 1.〉

1. 제9조 및 별표 2에 따른 발코니 형태 비상구의 설치·유지 기준: 2024년 1월 1일

1의2. 제11조의3에 따른 영업장의 내부구획 기준: 2015년 1월 1일

2. 제12조제1항 및 별표 2의2에 따른 피난안내도의 비치 대상 등: 2015년 1월 1일

3. 제13조 및 별지 제10호서식에 따른 다중이용업소 안전시설등 세부점검표: 2015년 1월 1일

[본조신설 2015. 1. 7.]

제26조(이행강제금 징수절차) 영 제24조에 따른 이행강제금의 징수절차에 관해서는 「국고금 관리법 시행규칙」을 준용한다. 이 경우 납입고지서에는 이의방법 및 이의기간 등을 함께 적어야 한다. 〈개정 2012. 2. 15.〉

[제목개정 2012. 2. 15.]

부칙 〈제379호, 2007. 3. 23.〉

①(시행일) 이 규칙은 2007년 3월 25일부터 시행한다. 다만, 제12조제1호 및 제2호의 개정규정은 2011년 3월 25일부터 시행한다. 〈개정 2009. 7. 3.〉

②(다른 법령의 개정) 「소방시설설치유지 및 안전관리에 관한 법률 시행규칙」을 다음과 같이 개정한다.

제5조, 제6조, 별지 제6호서식, 별지 제7호서식 및 별지 제8호서식을 각각 삭제한다.

부칙 〈제83호, 2009. 5. 15.〉

제1조(시행일) 이 규칙은 공포한 날부터 시행한다.

제2조(적용례) ① 별표 2 제7호의 개정규정은 이 규칙 시행 후 안전

시설등의 설치를 신고하거나 영업장 내부구조를 변경(영업장 면적의 증감·영업장의 구획된 실의 증감 및 내부 통로의 구조를 변경하는 것을 말한다)하는 고시원업 및 산후조리업의 영업장부터 적용한다.

② 별표 2 제8호의 개정규정은 이 규칙 시행 후 안전시설등의 설치를 신고하거나 영업장 내부구조를 변경(영업장 면적의 증감·영업장의 구획된 실의 증감 및 내부 통로의 구조를 변경하는 것을 말한다)하는 고시원업의 영업장부터 적용한다.

부칙 〈제91호, 2009. 7. 3.〉 (한시적 행정규제 유예 등을 위한 다중이용업소의 안전관리에 관한 특별법 시행규칙 등 일부개정령)

이 규칙은 공포한 날부터 시행한다.

부칙 〈제164호, 2010. 10. 20.〉

제1조(시행일) 이 규칙은 공포한 날부터 시행한다.

제2조(비상구 설치 위치에 관한 적용례) 별표 2 제3호가목(2)의 개정규정은 이 규칙 시행 후 영업을 개시하기 위하여 안전시설등의 설치를 신고하는 영업장부터 적용한다.

부칙 〈제282호, 2012. 2. 3.〉 (소방시설 설치·유지 및 안전관리에 관한 법률 시행규칙)

제1조(시행일) 이 규칙은 2012년 2월 5일부터 시행한다. 〈단서 생략〉

제2조 부터 제4조까지 생략

제5조(다른 법령의 개정) ① 다중이용업소의 안전관리에 관한 특별

법 시행규칙 일부를 다음과 같이 개정한다.

제14조제2호가목 중 “방화관리자”를 각각 “소방안전관리자”로 하고, 같은 조 제2호나목 중 “「소방시설 설치유지 및 안전관리에 관한 법률 시행령」 제23조제1항제10호 또는 제2항제4호에 따라 방화관리자 자격을”을 “「소방시설 설치·유지 및 안전관리에 관한 법률 시행령」 제23조제2항제7호마목 또는 제3항제5호자목에 따라 소방안전관리자 자격을”로 하며, 같은 조 제2호다목 및 같은 조 제3호 중 “「소방시설설치유지 및 안전관리에 관한 법률」”을 “「소방시설 설치·유지 및 안전관리에 관한 법률」”로 한다.

② 생략

제6조 생략

부칙 〈제283호, 2012. 2. 15.〉

제1조(시행일) 이 규칙은 공포한 날부터 시행한다.

제2조(영상음향차단장치 설치기준에 관한 적용례) 별표 2 제6호나목 (1)의 개정규정은 이 규칙 시행 후 최초로 안전시설등의 설치신고 또는 영업장 내부구조 변경신고를 하는 영업장부터 적용한다.

제3조(수시 소방안전교육에 관한 경과조치) 제5조제3항제2호의 개정규정에도 불구하고 이 규칙 시행 전에 위반행위가 적발되어 수시교육 대상이 된 경우에는 이 규칙 시행 후 3개월 이내에 수시교육을 받아야 한다.

부칙 〈제334호, 2013. 1. 11.〉

제1조(시행일) 이 규칙은 2013년 2월 23일부터 시행한다.
제2조(안전시설등의 설치·유지에 관한 적용례) 제10조 및 별표 2의 개정규정은 이 규칙 시행 후 법 제9조제3항제1호 또는 제2호에 따라 안전시설등의 설치신고를 하거나 내부구조 변경신고를 하는 영업장부터 적용한다.
제3조(피난안내도의 크기 및 재질에 관한 경과조치) 이 규칙 시행 당시 법 제12조에 따라 피난안내도를 갖추어 두어야 하는 다중이용업주는 이 규칙 시행 후 1년 이내에 별표 2의2의 개정규정에 따른 피난안내도를 갖추어 두어야 한다.

부칙 〈제3호, 2013. 3. 23.〉 (소방방재청과 그 소속기관 직제 시행규칙)
제1조(시행일) 이 규칙은 공포한 날부터 시행한다.
제2조 생략
제3조(다른 법령의 개정) ① 생략
② 다중이용업소의 안전관리에 관한 특별법 시행규칙 일부를 다음과 같이 개정한다.
제2조 각 호 외의 부분, 제14조의4 각 호 외의 부분, 제14조의5 각 호 외의 부분, 제18조 및 제21조제1항 중 "행정안전부령"을 각각 "안전행정부령"으로 한다.
③부터 ⑫까지 생략

부칙 〈제1105호, 2014. 11. 19.〉 (국민안전처와 그 소속기

관 직제 시행규칙)

제1조(시행일) 이 규칙은 공포한 날부터 시행한다. 다만, 부칙 제6조에 따라 개정되는 부령 중 이 규칙 시행 전에 공포되었으나 시행일이 도래하지 아니한 총리령 또는 부령을 개정한 부분은 각각 해당 총리령 또는 부령의 시행일부터 시행한다.

제2조 부터 제5조까지 생략

제6조(다른 법령의 개정) ①부터 ⑩까지 생략

⑪ 다중이용업소의 안전관리에 관한 특별법 시행규칙 일부를 다음과 같이 개정한다.

제2조 각 호 외의 부분, 제14조의4 각 호 외의 부분, 제14조의5 각 호 외의 부분, 제18조 및 제21조제1항 중 “안전행정부령”을 각각 “총리령”으로 한다.

제3조, 제5조제1항 각 호 외의 부분, 같은 조 제2항, 같은 조 제3항 각 호 외의 부분 단서, 같은 조 제4항 각 호 외의 부분, 같은 조 제5항 · 제8항 · 제10항, 제6조제3항, 제7조제2항, 제8조, 제14조의3제1항 각 호 외의 부분, 제16조제1항 각 호 외의 부분, 같은 조 제2항 본문, 같은 조 제3항부터 제7항까지, 제17조제1항 각 호 외의 부분, 같은 조 제2항 본문, 제18조 및 제19조제1항 · 제2항 중 “소방방재청장”을 각각 “국민안전처장관”으로 한다.

제5조제4항 각 호 외의 부분 중 “소방방재청”을 “국민안전처”로 한다.

별표 2 제1호다목2)의 설치 · 유지 기준란 가) 및 같은 표 비고 제2호 · 제3호 중 “소방방재청장”을 각각 “국민안전처장관”으로 한다.

별지 제12호서식, 별지 제15호서식 앞쪽, 별지 제16호서식 및 별지 제17호서식 중 "소방방재청장"을 각각 "국민안전처장관"으로 한다.

별지 제12호서식의 처리절차란 중 "소방방재청"을 "국민안전처"로, "소방방재청본부 · 소방서"를 "국민안전처"로 한다.

별지 제16호서식의 처리절차란 및 별지 제17호서식의 처리절차란 중 "소방방재청"을 각각 "국민안전처"로 한다.

⑫부터 ㊶까지 생략

부칙 〈제1125호, 2015. 1. 7.〉

제1조(시행일) 이 규칙은 2015년 1월 8일부터 시행한다.

제2조(피난안내도 및 피난안내영상물 외국어 병기에 관한 적용례) 별표 2의2 제7호의 개정규정은 이 규칙 시행 이후에 영업을 개시하기 위하여 안전시설등을 설치신고하거나 내부구조 변경신고를 하는 영업장부터 적용한다.

제3조(서식에 관한 경과조치) ① 이 규칙 시행 당시 종전의 서식에 따라 제출된 서류는 이 규칙의 개정 서식에 따라 제출된 것으로 본다.

② 종전의 별지 제10호 서식에 따른 점검표는 2015년 12월 31일까지는 이 규칙에 따라 개정된 점검표와 함께 사용할 수 있다.

부칙 〈제1241호, 2016. 1. 13.〉

제1조(시행일) 이 규칙은 2016년 1월 21일부터 시행한다.

제2조(소방안전교육에 관한 경과조치) 법 제8조제1항에 따라 소방안전교육을 받아야 하는 다중이용업주와 종업원은 이 규칙 시행일부터

2년 이내에 제5조제3항제1호 및 제3호에 따른 신규 교육이나 보수 교육을 받아야 한다.

부칙 〈제1247호, 2016. 1. 27.〉 (법령서식 일괄 개정을 위한 119구조·구급에 관한 법률 시행규칙 등 일부개정령)

제1조(시행일) 이 규칙은 공포한 날부터 시행한다.

제2조(서식에 관한 경과조치) 이 규칙 시행 당시 종전의 규정에 따른 서식은 이 규칙 시행 이후 3개월 간 이 규칙에 따른 서식과 함께 사용할 수 있다.

부칙 〈제1328호, 2016. 10. 19.〉

제1조(시행일) 이 규칙은 공포한 날부터 시행한다.

제2조(비상구의 안전시설 설치·유지 기준 변경에 관한 적용례) 별표 2 제2호다목의 개정규정은 이 규칙 시행 이후 법 제9조제3항에 따라 안전시설등의 설치신고 또는 영업장 내부구조 변경신고를 하는 영업장부터 적용한다.

부칙 〈제2호, 2017. 7. 26.〉 (소방청과 그 소속기관 직제 시행규칙)

제1조(시행일) 이 규칙은 공포한 날부터 시행한다. 다만, 부칙 제3조에 따라 개정되는 총리령 중 이 영 시행 전에 공포되었으나 시행일이 도래하지 아니한 총리령을 개정한 부분은 각각 해당 총리령의 시행일부터 시행한다.

제2조 생략

제3조(다른 법령의 개정) ① 및 ② 생략

③ 다중이용업소의 안전관리에 관한 특별법 시행규칙 일부를 다음과 같이 개정한다.

제2조 각 호 외의 부분, 제14조의4 각 호 외의 부분, 제14조의5 각 호 외의 부분, 제18조 및 제21조제1항 중 "총리령"을 각각 "행정안전부령"으로 한다.

제3조, 제5조제1항 각 호 외의 부분, 같은 조 제2항, 같은 조 제3항 각 호 외의 부분 단서, 같은 조 제4항 각 호 외의 부분, 같은 조 제5항 · 제8항 · 제10항, 제6조제3항, 제7조제2항, 제8조, 제14조의3제1항 각 호 외의 부분, 제16조제1항 각 호 외의 부분, 같은 조 제2항 본문, 같은 조 제3항부터 제7항까지, 제17조제1항 각 호 외의 부분, 같은 조 제2항 본문, 제18조, 제19조제1항 · 제2항 및 제25조의2 각 호 외의 부분 중 "국민안전처장관"을 각각 "소방청장"으로 한다.

제5조제4항 각 호 외의 부분 중 "국민안전처"를 "소방청"으로 한다.

별표 2 제1호다목2)가) 및 같은 표 비고 제2호 · 제3호 중 "국민안전처장관"을 각각 "소방청장"으로 한다.

별표 3 제2호(7)의 위반사항란 중 "행정자치부령"을 "행정안전부령"으로 한다.

별지 제3호서식, 별지 제12호서식, 별지 제15호서식 앞쪽, 별지 제16호서식 및 별지 제17호서식 중 "국민안전처장관"을 각각 "소방청장"으로 한다.

별지 제12호서식의 처리절차란, 별지 제16호서식의 처리절차란 및 별지 제17호서식의 처리절차란 중 "국민안전처"를 각각 "소방청"으로 한다.

④부터 ⑰까지 생략

부칙 〈제47호, 2018. 3. 21.〉

제1조(시행일) 이 규칙은 공포한 날부터 시행한다.

제2조(안전시설등의 설치·유지기준 변경에 관한 적용례) 별표 2 제2호가목3)가) 단서 및 같은 표 제2호다목1)의 개정규정은 이 규칙 시행 이후 법 제9조제3항에 따라 안전시설등의 설치신고 또는 영업장 내부구조 변경신고를 하는 영업장부터 적용한다.

부칙 〈제113호, 2019. 4. 22.〉

제1조(시행일) 이 규칙은 공포한 날부터 시행한다. 다만, 별표 2의2 제5호 및 제8호의 개정규정은 공포 후 1년이 경과한 날부터 시행한다.

제2조(소방안전교육 시기에 관한 경과조치) 이 규칙 시행 전에 다중이용업주의 변경신고 또는 다중이용업주의 지위승계 신고가 수리된 경우에는 제5조제3항제1호가목1) 및 같은 조 제4항제2호의 개정규정에도 불구하고 종전의 규정에 따른다.

부칙 〈제268호, 2021. 7. 13.〉 (어려운 법령용어 정비를 위한 13개 법령의 일부개정에 관한 행정안전부령)

이 규칙은 공포한 날부터 시행한다.

부칙 〈제271호, 2021. 7. 13.〉

이 규칙은 2021년 7월 13일부터 시행한다.

부칙 〈제289호, 2021. 12. 7.〉

제1조(시행일) 이 규칙은 공포 후 6개월이 경과한 날부터 시행한다.

제2조(안전시설등의 설치ㆍ유지기준 변경에 관한 적용례) 별표 2 제2호가목1), 같은 표 제2호가목3)나) 및 같은 표 제2호다목1)의 개정규정은 이 규칙 시행 이후 법 제9조제3항에 따라 안전시설등의 설치신고 또는 영업장 내부구조 변경신고를 하는 영업장부터 적용한다.

부칙 〈제360호, 2022. 12. 1.〉 (소방시설 설치 및 관리에 관한 법률 시행규칙)

제1조(시행일) 이 규칙은 공포한 날부터 시행한다. 〈단서 생략〉

제2조 부터 제5조까지 생략

제6조(다른 법령의 개정) ① 다중이용업소의 안전관리에 관한 특별법 시행규칙 일부를 다음과 같이 개정한다.

제14조제2호다목 중 "「화재예방, 소방시설 설치ㆍ유지 및 안전관리에 관한 법률」"을 "「소방시설 설치 및 관리에 관한 법률」"로 하고, 같은 조 제3호 중 "「화재예방, 소방시설 설치ㆍ유지 및 안전관리에 관한 법률」 제25조제1항"을 "「소방시설 설치 및 관리에 관한 법률」 제22조제1항"으로 한다.

별표 1 제1호나목(1)(다) 중 "「화재예방, 소방시설 설치 · 유지 및 안전관리에 관한 법률」 제26조"를 "「소방시설 설치 및 관리에 관한 법률」 제25조"로 한다.

별표 2 제1호가목2)의 설치 · 유지 기준란 중 "「화재예방, 소방시설 설치 · 유지 및 안전관리에 관한 법률」 제9조제1항에 따른 화재안전기준"을 "「소방시설 설치 및 관리에 관한 법률」 제2조제6호에 따른 화재안전기준(이하 이 표에서 "화재안전기준"이라 한다)"로 하고, 같은 호 나목의 설치 · 유지 기준란, 같은 호 다목1)의 설치 · 유지 기준란, 같은 목 2)의 설치 · 유지 기준란, 같은 목 3)의 설치 · 유지 기준란 및 같은 목 4)의 설치 · 유지 기준란 중 "「화재예방, 소방시설 설치 · 유지 및 안전관리에 관한 법률」 제9조제1항에 따른 화재안전기준"을 각각 "화재안전기준"으로 한다.

별표 5 제4호의 갖추어야 할 교육용기자재의 종류란의 제8호 중 "화재예방, 소방시설 설치 · 유지 및 안전관리에 관한 법률 시행규칙」 제18조제2항"을 "「소방시설 설치 및 관리에 관한 법률 시행규칙」 제20조제1항"으로 한다.

별지 제19호서식의 유의사항란 제1호 중 "「화재예방, 소방시설 설치 · 유지 및 안전관리에 관한 법률」 제10조제1항"을 "「소방시설 설치 및 관리에 관한 법률」 제16조제1항"으로 한다.

②부터 ⑥까지 생략

제7조 생략

부칙 〈제361호, 2022. 12. 1.〉 (화재의 예방 및 안전관리에

관한 법률 시행규칙)

제1조(시행일) 이 규칙은 공포한 날부터 시행한다.

제2조 부터 제7조까지 생략

제8조(다른 법령의 개정) ① 생략

② 다중이용업소의 안전관리에 관한 특별법 시행규칙 일부를 다음과 같이 개정한다.

제14조제2호나목 중 "「화재예방, 소방시설 설치·유지 및 안전관리에 관한 법률 시행령」 제23조제2항제7호마목 또는 제3항제5호자목"을 "「화재의 예방 및 안전관리에 관한 법률 시행령」 별표 6 제2호마목 또는 제3호자목"으로 한다.

③부터 ⑨까지 생략

제9조 생략

부칙 〈제422호, 2023. 8. 1.〉

제1조(시행일) 이 규칙은 공포한 날부터 시행한다. 다만, 제11조제1항, 제25조의2, 별표 2 제2호다목1), 별지 제6호서식 및 별지 제6호의3서식의 개정규정은 2024년 1월 1일부터 시행한다.

제2조(발코니 형태 비상구의 설치·유지 기준에 관한 적용례) 제11조제1항, 별지 제6호서식 및 별지 제6호의3서식의 개정규정은 부칙 제1조 단서에 따른 시행일 이후 법 제9조제3항제1호에 따라 발코니 형태 비상구의 설치신고를 하는 영업장부터 적용한다.

제3조(실내장식물 변경 시 설치신고에 관한 경과조치) 이 규칙 시행 전에 안전시설등 및 영업장 내부구조 변경 등이 없이 실내장식물을

변경하여 안전시설등 설치신고서를 제출한 경우에는 제11조제4항의 개정규정에 따라 안전시설등 완비증명서 재발급 신청서를 제출한 것으로 본다.

부칙 〈제442호, 2024. 1. 4.〉

이 규칙은 2024년 1월 4일부터 시행한다.

부칙 〈제477호, 2024. 4. 12.〉

이 규칙은 공포한 날부터 시행한다.

부칙 〈제582호, 2025. 9. 30.〉

이 규칙은 공포한 날부터 시행한다.

별표 / 서식

[별표 1] 소방안전교육에 필요한 교육인력 및 시설·장비기준(제8조 관련)

[별표 2] 안전시설등의 설치 · 유지 기준(제9조 관련)

[별표 2의2] 피난안내도 비치 대상 등(제12조제1항 관련)

[별표 2의3] 화재배상책임보험 가입 영업소 표지(제14조의2 관련)

[별표 3] 평가대행자에 대한 행정처분의 기준(제20조관련)

[별표 4] 안전관리우수업소 표지의 규격, 재질 등(제21조제2항 관련)

[별표 5] 소방안전교육 위탁기관이 갖추어야 하는 시설기준(제25조 관련)

[별지 제1호서식] 다중이용업 허가등 사항(변경사항) 통보서

[별지 제2호서식] 다중이용업 허가등 사항 처리 접수대장

[별지 제3호서식] 소방안전교육 이수증명서

[별지 제4호서식] 소방안전교육 이수증명서 발급(재발급) 대장

[별지 제5호서식] 소방안전교육 이수증명서 재발급 신청서

[별지 제6호서식] 안전시설등 설치(완공) 신고서

[별지 제6호의2서식] 안전시설등 설치명세서

[별지 제6호의3서식] 구조안전 확인서

[별지 제7호서식] 안전시설등 완비증명서

[별지 제8호서식] 안전시설등 완비증명서 발급 대장

[별지 제9호서식] 안전시설등 완비증명서 재발급 신청서

[별지 제10호서식] 안전시설등 세부점검표

[별지 제11호서식] 손실보상재결신청서

[별지 제12호서식] 화재위험평가대행자 등록(변경)신청서

[별지 제13호서식] 기술인력명부

[별지 제13호의2서식] 병력(病歷) 신고 및 개인정보 이용 동의서

[별지 제14호서식] 화재위험평가대행자등록증

[별지 제15호서식] 화재위험평가대행자등록증 발급(재발급) 대장

[별지 제16호서식] 화재위험평가대행자등록증 재발급 신청서

[별지 제17호서식] 화재위험평가대행자 휴업 · 폐업신고서

[별지 제18호서식] 안전관리우수업소 표지 발급(갱신발급)대장

[별지 제19호서식] 안전관리우수업소 공표 신청서

대한민국 법령 시리즈 540

다중이용업소의 안전관리에 관한 특별법 (약칭 : 다중이용업소법)

법 령 / 시 행 령 / 시 행 규 칙

2025년 12월 10일 인쇄 정가 16,000원
2025년 12월 20일 발행

편 저 편집부
디 자 인 송영미
발 행 인 조준형
발 행 처 해광출판사
주 소 부산광역시 중구 해관로 41-1 (중앙동2가)
전화번호 (051) 253-0001 팩스 (051) 245-1187
등 록 제 2012-000005호

http://www.hgbookpub.com
E-mail : munbookcokr@naver.com

해광출판사에서는 여러분의 소중한 원고와 함께 할 기회를 기다리고 있습니다. 책으로 엮을 원고나 아이디어가 있으신 분들은 이메일 munbookcokr@naver.com 로 책에 대한 간단한 개요와 원고 전체 또는 일부를 연락처와 함께 보내주십시오.

ISBN 979-11-6881-929-0

※ 법령 출처 : 법제처 국가법령정보센터
※ 본 도서는 〈공공데이터 제공 및 이용 활성화에 관한 법률〉을 근거로 출판되었습니다.

해광출판사 대한민국 법령 시리즈

001. 선원법
002. 어선법
003. 선박직원법
004. 해사안전기본법
005. 해양환경관리법
006. 선박의 입항 및 출항등에 관한 법률
007. 학교안전사고예방 및 보상에 관한 법률
008. 종합부동산세법
009. 방위사업법
010. 행정규제기본법
011. 식품산업진흥법
012. 위험물안전관리법
013. 화재의 예방 및 안전관리에 관한 법률
014. 도시가스사업법
015. 실내공기질관리법
016. 지방세법
017. 소득세법
018. 법인세법
019. 도선법
020. 선박안전법
021. 선박법
022. 수산업법
023. 고압가스안전관리법
024. 국민연금법
025. 공동주택관리법
026. 화학물질관리법
027. 어선원 및 어선 재해보상보험법
028. 장기등 이식에 관한 법률
029. 자연재해대책법
030. 공유재산 및 물품 관리법
031. 산업입지 및 개발에 관한 법률
032. 부정경쟁방지 및 영업비밀보호에 관한 법률
033. 금융지주회사법
034. 온실가스 배출권의 할당 및 거래에 관한 법률
035. 건축사법
036. 산림문화휴양에 관한 법률
037. 전기사업법
038. 사립학교법
039. 고등교육법
040. 액화석유가스의 안전관리 및 사업법
041. 선박투자회사법
042. 수산자원관리법
043. 위험물선박운송및저장규칙
044. 선박평형수관리법
045. 주택임대차보호법
046. 상가건물임대차보호법
047. 지방공기업법
048. 승강기안전관리법
049. 수목원·정원의 조성 및 진흥에 관한 법률
050. 민법
051. 치료감호 등에 관한 법률
052. 대부업 등의 등록 및 금융이용자 보호에 관한 법률
053. 사료관리법
054. 무형문화재 보전 및 진흥에 관한 법률
055. 총포·도검·화약류 등의 안전관리에 관한 법률
056. 경찰관직무집행법
057. 시설물의 안전 및 유지관리에 관한 특별법
058. 수산생물질병 관리법
059. 소비자기본법
060. 국제선박등록법
061. 정보통신망 이용촉진 및 정보보호 등에 관한 법률
062. 해운법
063. 농수산물 품질관리법
064. 수산업협동조합법
065. 해외건설촉진법
066. 수상레저안전법
067. 공무원재해보상법
068. 수상에서의 수색·구조 등에 관한 법률
069. 어촌어항법
070. 항만법
071. 항만운송사업법
072. 해양경비법
073. 해양사고의 조사 및 심판에 관한 법률
074. 외국인근로자의 고용 등에 관한 법률
075. 중소기업기본법
076. 자유무역지역의 지정 및 운영에 관한 법률
077. 대기환경보전법
078. 소음진동관리법
079. 폐기물관리법
080. 하수도법
081. 물환경보전법
082. 토양환경보전법
083. 환경정책기본법
084. 산업재해보상보험법
085. 관세법
086. 노동조합 및 노동관계조정법
087. 근로기준법
088. 군인연금법
089. 먹는물관리법
090. 기술보증기금법
091. 관광진흥법
092. 감염병의 예방 및 관리에 관한 법률
093. 사법경찰관리의 직무를 수행할 자와 그 직무범위에 관한 법률
094. 수의사법
095. 가정폭력방지 및 피해자보호 등에 관한 법률
096. 환경영향평가법
097. 체육시설의 설치 · 이용에 관한 법률
098. 장사 등에 관한 법률
099. 상호저축은행법
100. 은행법
101. 보호관찰 등에 관한 법률
102. 형법
103. 자동차관리법
104. 형사소송법
105. 전자금융거래법
106. 마약류 불법거래 방지에 관한 특례법
107. 도로법
108. 주세법
109. 변리사법
110. 하천법
111. 중소기업진흥에 관한 법률
112. 발달장애인 권리보장 및 지원에 관한 법률
113. 주택법
114. 장애인복지법
115. 농어업경영체 육성 및 지원에 관한 법률
116. 공인중개사법
117. 건강기능식품에 관한 법률
118. 예비군법
119. 개발제한구역의 지정 및 관리에 관한 특별조치법
120. 국유재산법
121. 주차장법
122. 환경기술 및 환경산업 지원법
123. 대기관리권역의 대기환경개선에 관한 특별법
124. 악취방지법
125. 미세먼지 저감 및 관리에 관한 특별법
126. 가축분뇨의 관리 및 이용에 관한 법률
127. 물의 재이용 촉진 및 지원에 관한 법률
128. 물관리기본법
129. 물관리기술 발전 및 물산업 진흥에 관한 법률
130. 자원의 절약과 재활용촉진에 관한 법률
131. 전기 · 전자제품 및 자동차의 자원순환에 관한 법률
132. 건설폐기물의 재활용촉진에 관한 법률
133. 수도권매립지관리공사의 설립 및 운영 등에 관한 법률
134. 폐기물의 국가 간 이동 및 그 처리에 관한 법률
135. 폐기물처리시설 설치촉진 및 주변지역지원 등에 관한 법률
136. 자원순환기본법
137. 잔류성오염물질 관리법
138. 환경분쟁 조정법

해광출판사 대한민국 법령 시리즈

139. 화학물질의 등록 및 평가 등에 관한 법률
140. 환경오염시설의 통합관리에 관한 법률
141. 환경오염피해 배상책임 및 구제에 관한 법률
142. 중소기업제품 구매촉진 및 판로지원에 관한 법률
143. 환경개선비용 부담법
144. 환경분야 시험·검사 등에 관한 법률
145. 환경친화적 산업구조로의 전환촉진에 관한 법률
146. 환경친화적 자동차의 개발 및 보급 촉진에 관한 법률
147. 환경범죄 등의 단속 및 가중처벌에 관한 법률
148. 생명윤리 및 안전에 관한 법률
149. 장애인차별금지 및 권리구제 등에 관한 법률
150. 부동산투자회사법
151. 정치자금법
152. 과학기술기본법
153. 대리점거래의 공정화에 관한 법률
154. 상속세 및 증여세법
155. 학원의 설립 · 운영 및 과외교습에 관한 법률
156. 해양심층수의 개발 및 관리에 관한 법률
157. 전기용품 및 생활용품 안전관리법
158. 사회기반시설에 대한 민간투자법
159. 공직선거법
160. 정당법
161. 유류오염손해배상 보장법
162. 부정청탁 및 금품등 수수의 금지에 관한 법률
163. 항로표지법
164. 어장관리법
165. 민방위기본법
166. 공직자윤리법
167. 선거관리위원회법
168. 유선 및 도선 사업법
169. 전기공사업법
170. 사회복지사업법
171. 택지개발촉진법
172. 국가공무원법
173. 민간임대주택에 관한 특별법
174. 어음법·수표법
175. 민사집행법
176. 상법
177. 문화예술진흥법
178. 중소기업협동조합법
179. 농업협동조합법
180. 도로교통법
181. 의료사고 피해구제 및 의료분쟁 조정 등에 관한 법률
182. 산림보호법
183. 소년법
184. 동물보호법
185. 건축물관리법
186. 도시개발법
187. 화물자동차 운수사업법
188. 도시 및 주거환경정비법
189. 의료법
190. 국회법
191. 응급의료에 관한 법률
192. 출입국관리법
193. 노인복지법
194. 산림자원의 조성 및 관리에 관한 법률
195. 청소년 보호법
196. 초 · 중등교육법
197. 혁신도시 조성 및 발전에 관한 특별법
198. 경제자유구역의 지정 및 운영에 관한 특별법
199. 공공기관의 운영에 관한 법률
200. 대한민국헌법
201. 국민기초생활 보장법
202. 저작권법
203. 가사소송법
204. 국가유공자 등 예우 및 지원에 관한 법률
205. 국민체육진흥법
206. 전통주 등의 산업진흥에 관한 법률
207. 재난 및 안전관리 기본법
208. 정보통신공사업법
209. 주식회사 등의 외부감사에 관한 법률
210. 공익사업을 위한 토지 등의 취득 및 보상에 관한 법률
211. 개인정보 보호법
212. 국세기본법
213. 에너지이용 합리화법
214. 감정평가 및 감정평가사에 관한 법률
215. 국가인권위원회법
216. 가맹사업거래의 공정화에 관한 법률
217. 보건의료기본법
218. 산업안전보건법
219. 법무사법
220. 교육공무원법
221. 특허법
222. 민사소송법
223. 아동복지법
224. 전파법
225. 하도급거래 공정화에 관한 법률
226. 기초연금법
227. 사립학교교직원 연금법
228. 직업안정법
229. 장애아동 복지지원법
230. 부동산등기법
231. 자동차손해배상 보장법
232. 철도안전법
233. 항공안전법
234. 전자상거래 등에서의 소비자보호에 관한 법률
235. 독점규제 및 공정거래에 관한 법률
236. 상표법
237. 채무자 회생 및 파산에 관한 법률
238. 공무원연금법
239. 축산법
240. 근로복지기본법
241. 민원 처리에 관한 법률
242. 약사법
243. 방문판매 등에 관한 법률
244. 건축기본법
245. 지방세기본법
246. 지방세징수법
247. 지방자치법
248. 도시교통정비 촉진법
249. 공공주택 특별법
250. 국세징수법
251. 공인노무사법
252. 중대재해 처벌 등에 관한 법률
253. 외무공무원법
254. 소방시설공사업법
255. 검역법
256. 공중위생관리법
257. 할부거래에 관한 법률
258. 인터넷 멀티미디어 방송사업법
259. 전기통신사업법
260. 제품안전기본법
261. 철도사업법
262. 어린이제품 안전 특별법
263. 영유아보육법
264. 원자력안전법
265. 보험업법
266. 경비업법
267. 교통안전법
268. 세무사법
269. 관세사법
270. 공인회계사법
271. 지방공무원법
272. 고용정책 기본법
273. 국가경찰과 자치경찰의 조직 및 운영에 관한 법률
274. 협동조합 기본법
275. 재해구호법
276. 환경보건법

해광출판사 대한민국 법령 시리즈

277. 자살예방 및 생명존중문화 조성을 위한 법률
278. 소방산업의 진흥에 관한 법률
279. 소방기본법
280. 비송사건절차법
281. 자연환경보전법
282. 변호사법
283. 기업구조조정투자회사법
284. 전기통신기본법
285. 에너지법
286. 해양생태계의 보전 및 관리에 관한 법률
287. 사회보장기본법
288. 통신비밀보호법
289. 공증인법
290. 물류시설의 개발 및 운영에 관한 법률
291. 청소년활동 진흥법
292. 형의 집행 및 수용자의 처우에 관한 법률
293. 도시공원 및 녹지 등에 관한 법률
294. 태권도 진흥 및 태권도공원 조성 등에 관한 법률
295. 녹색건축물 조성 지원법
296. 우편법
297. 예금자보호법
298. 건설산업기본법
299. 금융회사의 지배구조에 관한 법률
300. 장애인활동 지원에 관한 법률
301. 언론중재 및 피해구제 등에 관한 법률
302. 국가재정법
303. 농지법
304. 게임산업진흥에 관한 법률
305. 정신건강증진 및 정신질환자 복지서비스 지원에 관한 법률
306. 디자인보호법
307. 의료기사 등에 관한 법률
308. 스마트도시 조성 및 산업진흥 등에 관한 법률
309. 내수면어업법
310. 한국주택금융공사법
311. 의료기기법
312. 유통산업발전법
313. 전통시장 및 상점가 육성을 위한 특별법
314. 여신전문금융업법
315. 해외자원개발 사업법
316. 산업교육진흥 및 산학연협력촉진에 관한 법률
317. 빈집 및 소규모주택 정비에 관한 특례법
318. 기업도시개발 특별법
319. 전력기술관리법
320. 국토기본법
321. 지하수법
322. 식품위생법
323. 광업법
324. 호스피스·완화의료 및 임종과정에 있는 환자의 연명의료결정에 관한 법률
325. 주식·사채 등의 전자등록에 관한 법률
326. 표시·광고의 공정화에 관한 법률
327. 골재채취법
328. 국민건강증진법
329. 새마을금고법
330. 여객자동차 운수사업법
331. 마리나항만의 조성 및 관리 등에 관한 법률
332. 한부모가족지원법
333. 국가를 당사자로 하는 계약에 관한 법률
334. 지방자치단체를 당사자로 하는 계약에 관한 법률
335. 축산물 위생관리법
336. 병역법
337. 음악산업진흥에 관한 법률
338. 국가균형발전 특별법
339. 첨단재생의료 및 첨단바이오의약품 안전 및 지원에 관한 법률
340. 공간정보의 구축 및 관리 등에 관한 법률
341. 공유수면 관리 및 매립에 관한 법률
342. 농수산물 유통 및 가격안정에 관한 법률
343. 아시아문화중심도시 조성에 관한 특별법
344. 신탁법
345. 자연공원법
346. 생활화학제품 및 살생물제의 안전관리에 관한 법률
347. 군인사법
348. 국제조세조정에 관한 법률
349. 낙동강수계 물관리 및 주민지원 등에 관한 법률
350. 주민등록법
351. 집합건물의 소유 및 관리에 관한 법률
352. 집단에너지사업법
353. 산림조합법
354. 반도체집적회로의 배치설계에 관한 법률
355. 자본시장과 금융투자업에 관한 법률
356. 담보부사채신탁법
357. 근로자퇴직급여 보장법
358. 국제과학비즈니스벨트 조성 및 지원에 관한 특별법
359. 수도법
360. 식품 등의 표시·광고에 관한 법률
361. 약관의 규제에 관한 법률
362. 인삼산업법
363. 종자산업법
364. 항공사업법
365. 건설기계관리법
366. 군형법
367. 궤도운송법
368. 기술의 이전 및 사업화 촉진에 관한 법률
369. 농수산물의 원산지 표시 등에 관한 법률
370. 담배사업법
371. 석유 및 석유대체연료 사업법
372. 가축전염병 예방법
373. 농어촌정비법
374. 식물신품종 보호법
375. 항공보안법
376. 중소기업창업 지원법
377. 군사법원법
378. 우주개발 진흥법
379. 해저광물자원 개발법
380. 산림복지 진흥에 관한 법률
381. 지능형 로봇 개발 및 보급 촉진법
382. 헌법재판소법
383. 옥외광고물 등의 관리와 옥외광고산업 진흥에 관한 법률
384. 혈액관리법
385. 국제항해선박 등에 대한 해적행위 피해예방에 관한 법률
386. 유료도로법
387. 독립유공자예우에 관한 법률
388. 신에너지 및 재생에너지 개발·이용·보급 촉진법
389. 신용정보의 이용 및 보호에 관한 법률
390. 출판문화산업 진흥법
391. 공항시설법
392. 국민 평생 직업능력 개발법
393. 아동·청소년의 성보호에 관한 법률
394. 방송법쉬
395. 신용보증기금법
396. 화장품법
397. 청소년 기본법
398. 인터넷주소자원에 관한 법률
399. 양곡관리법
400. 도로명주소법
401. 전자문서 및 전자거래 기본법
402. 산업기술의 유출방지 및 보호에 관한 법률
403. 국가기술자격법
404. 양식산업발전법
405. 산업기술혁신 촉진법
406. 새만금사업 추진 및 지원에 관한 특별법
407. 전자정부법
408. 지역 개발 및 지원에 관한 법률
409. 한국농어촌공사 및 농지관리기금법
410. 계량에 관한 법률
411. 기업활동 규제완화에 관한 특별조치법
412. 군에서의 형의 집행 및 군수용자의 처우에 관한 법률

해광출판사 대한민국 법령 시리즈

413. 규제자유특구 및 지역특화발전특구에 관한 규제특례법
414. 금융위원회의 설치 등에 관한 법률
415. 남녀고용평등과 일·가정 양립 지원에 관한 법률
416. 농어업인 삶의 질 향상 및 농어촌지역 개발촉진에 관한 특별법
417. 댐건설·관리 및 주변지역지원 등에 관한 법률
418. 국가유산수리 등에 관한 법률
419. 법원조직법
420. 보훈보상대상자 지원에 관한 법률
421. 부패방지 및 국민권익위원회의 설치와 운영에 관한 법률
422. 과학기술분야 정부출연연구기관 등의 설립·운영 및 육성에 관한 법률
423. 연구개발특구의 육성에 관한 특별법
424. 친환경농어업 육성 및 유기식품 등의 관리·지원에 관한 법률
425. 연안관리법
426. 영화 및 비디오물의 진흥에 관한 법률
427. 신용협동조합법
428. 방송통신발전 기본법
429. 범죄피해자 보호법
430. 가축 및 축산물 이력관리에 관한 법률
431. 국가표준기본법
432. 국가통합교통체계효율화법
433. 범죄인 인도법
434. 국가과학기술 경쟁력 강화를 위한 이공계지원 특별법
435. 국제경기대회 지원법
436. 금융혁신지원 특별법
437. 수자원의 조사·계획 및 관리에 관한 법률
438. 축산자조금의 조성 및 운용에 관한 법률
439. 소방시설 설치 및 관리에 관한 법률
440. 양성평등기본법
441. 축산계열화사업에 관한 법률
442. 수입식품안전관리 특별법
443. 대외무역법
444. 국가연구개발사업 등의 성과평가 및 성과관리에 관한 법률
445. 무역보험법
446. 기술사법
447. 광산안전법
448. 농약관리법
449. 농업·농촌 및 식품산업 기본법
450. 문화산업진흥 기본법
451. 부담금관리 기본법
452. 야생생물 보호 및 관리에 관한 법률
453. 한국은행법
454. 별정우체국법
455. 원양산업발전법
456. 콘텐츠산업 진흥법
457. 한국수출입은행법
458. 외국인투자 촉진법
459. 물류정책기본법
460. 전자서명법
461. 산업발전법
462. 산업표준화법
463. 소프트웨어 진흥법
464. 토지이용규제 기본법
465. 해수욕장의 이용 및 관리에 관한 법률
466. 정보통신 진흥 및 융합 활성화 등에 관한 특별법
467. 정보통신산업 진흥법
468. 지진·화산재해대책법
469. 소금산업진흥법
470. 위치정보의 보호 및 이용 등에 관한 법률
471. 외국법자문사법
472. 이러닝(전자학습)산업 발전 및 이러닝 활용 촉진에 관한 법률
473. 암관리법
474. 실용신안법
475. 가족관계의 등록 등에 관한 법률
476. 무인도서의 보전 및 관리에 관한 법률
477. 감사원법
478. 정보보호산업의 진흥에 관한 법률
479. 결혼중개업의 관리에 관한 법률
480. 공익신고자 보호법
481. 박물관 및 미술관 진흥법
482. 낚시 관리 및 육성법
483. 동산·채권 등의 담보에 관한 법률
484. 임금채권보장법
485. 국민투표법
486. 농림수산업자 신용보증법
487. 국가채권 관리법
488. 중소기업은행법
489. 식품안전기본법
490. 외국환거래법
491. 발명진흥법
492. 건설기술 진흥법
493. 기후위기 대응을 위한 탄소중립·녹색성장 기본법
494. 인체조직안전 및 관리 등에 관한 법률
495. 엔지니어링산업 진흥법
496. 신문 등의 진흥에 관한 법률
497. 식물방역법
498. 석탄산업법
499. 산업융합 촉진법
500. 비료관리법
501. 임업 및 산촌 진흥촉진에 관한 법률
502. 복권 및 복권기금법
503. 대규모유통업에서의 거래 공정화에 관한 법률
504. 뉴스통신 진흥에 관한 법률
505. 지능정보화 기본법
506. 자격기본법
507. 중소기업 기술혁신 촉진법
508. 국가공간정보 기본법
509. 농어업재해대책법
510. 방송광고판매대행 등에 관한 법률
511. 지식재산 기본법
512. 초고층 및 지하연계 복합건축물 재난관리에 관한 특별법
513. 해양 조사와 해양정보 활용에 관한 법률
514. 공간정보산업 진흥법
515. 공공기관의 정보공개에 관한 법률
516. 행정기본법
517. 해상교통안전법
518. 농어업재해보험법
519. 문화유산의 보존 및 활용에 관한 법률
520. 자연유산의 보존 및 활용에 관한 법률
521. 국토의 계획 및 이용에 관한 법률
522. 건축법
523. 국민건강보험법
524. 계엄법
525. 환경친화적 선박의 개발 및 보급 촉진에 관한 법률
526. 해양폐기물 및 해양오염퇴적물 관리법
527. 연안사고 예방에 관한 법률
528. 전기안전관리법
529. 의약품 등의 안전에 관한 규칙
530. 공공보건의료에 관한 법률
531. 군보건의료에 관한 법률
532. 농어촌 등 보건의료를 위한 특별조치법
533. 보호소년 등의 처우에 관한 법률
534. 국가를 당사자로 하는 소송에 관한 법률
535. 간호법
536. 국립묘지의 설치 및 운영에 관한 법률
537. 주류 면허 등에 관한 법률
538. 부가가치세법
539. 자율운항선박 개발 및 상용화 촉진에 관한 법률
540. 다중이용업소의 안전관리에 관한 특별법

*** 해광출판사의 법령 시리즈는 계속 발행 됩니다.**
**** 각 도서의 개정판은 인쇄일을 기준으로 제작 되었습니다.**